Matemática para o Ensino Fundamental

Caderno de Atividades
6º ano
volume 2

Manoel Benedito Rodrigues

3ª Edição

São Paulo
2024

Digitação, Diagramação: Sueli Cardoso dos Santos - suly.santos@gmail.com
Elizabeth Miranda da Silva - elizabeth.ms2015@gmail.com

www.editorapolicarpo.com.br
contato: contato@editorapolicarpo.com.br

Dados Internacionais de Catalogação, na Publicação (CIP)

(Câmara Brasileira do Livro, SP, Brasil)

Rodrigues, Manoel Benedito.

Matemática / Manoel Benedito Rodrigues.
- São Paulo: Editora Policarpo, **3ª Ed.** **- 2024**
ISBN: 978-65-88667-32-3
1. Matemática 2. Ensino fundamental
I. Rodrigues, Manoel Benedito II. Título.

Índices para catálogo sistemático:

Todos os direitos reservados à:
EDITORA POLICARPO LTDA
Rua Dr. Rafael de Barros, 175 - Conj. 01
São Paulo - SP - CEP: 04003-041
Tel.: (11) 3288-0895 / 3284-8916

Índice

I — MEDIDAS 1
1 – Segmentos 1
2 – Regiões planas (áreas) 4
3 – Sólidos (Volumes) 7
4 – Sólidos (Massas) 12
5 – Volumes de líquidos e gases 15

II — CONJUNTOS 19
1 – Conjunto, elemento e pertinência 19
2 – Enumeração dos elementos 20
3 – Conjunto unitário e conjunto vazio 20
5 – Os conectivos e (∧) e ou (∨) 26
6 – Conjunto Universo (∪) 28
7 – Número de elementos de um conjunto 28
8 – Subconjunto 31
9 – Igualdade de conjuntos 34
10 – Operações com conjuntos 37
11 – Regiões sombreadas 44

III — NÚMEROS NATURAIS 55
1 – Múltiplo 55
2 – Divisor 55
3 – Divisibilidade 60
4 – Números naturais primos e compostos 67
5 – Decomposição em fatores primos 70
6 – Divisores e Número de divisores 72
7 – Máximo divisor comum (mdc) 75
8 – Números primos entre si 79
9 – Mínimo múltiplo comum (mmc) 80
10 – Problemas 85

IV — SEGMENTOS E ÂNGULOS 101
1 – Semirreta e segmento de reta 101
2 – Ângulo 108

VI — TRIÂNGULOS 123

I   MEDIDAS

Após o estudo de número decimais é apropriado a abordagem de medidas de segmentos, áreas, volumes, massas e outras medidas de volumes.

1 – Segmentos

múltiplos do metro			Unidade	submúltiplos do metro		
quilômetro	hectômetro	decâmetro	metro	decímetro	centímetro	milímetro
km	hm	dam	m	dm	cm	mm
1000 m	100 m	10 m	1 m	0,1 m	0,01 m	0,001 m

Em verdadeira grandeza (observar em uma régua milimetrada):

1 mm: ⊢⊣

1 cm: ⊢———⊣ = 10 mm

1 dm: ⊢—+—+—+—+—+—+—+—+—+—⊣ = 10 cm

1 cm = 10 mm, 1 dm = 10 cm = 10 (1 cm) = 10 (10 mm) = 100 mm

Em escala:

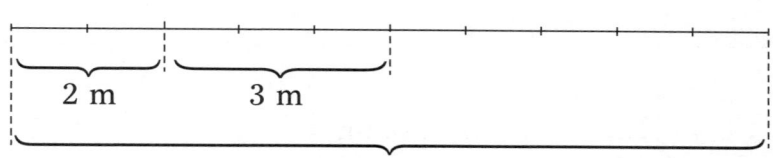

Exemplo: 1 dam = 10 m = 10 (1 m) = 10 (10 dm) = 100 dm

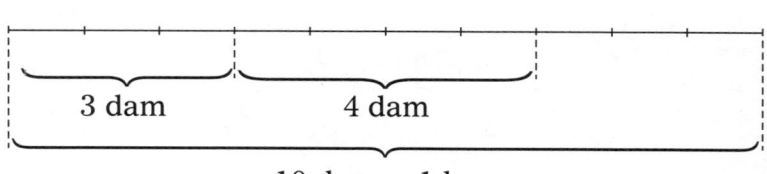

Exemplo: 1 hm = 10 dam = 10 (1 dam) = 10 (100 dm) = 1000 dm

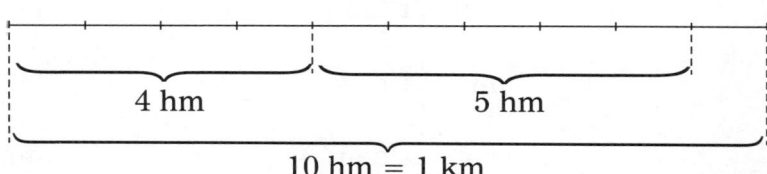

Exemplos: 1) 1 km = 10 hm = 10 (1 hm) = 10 (1000 dm) = 10 000 dm

2) 1 km = 10 000 dm = 10 000 (1 dm) = 10 000 (10 cm) = 100 000 cm

3) 1 km = 10^5 cm = 10^5 (1 cm) = 10^5 (10 mm) = 10^6 mm

Exemplos:

1) $10\ m = 1\ dam \Longrightarrow 10\ (1\ m) = 1\ dam \Longrightarrow 1\ m = \dfrac{1}{10}\ dam \Longrightarrow 1\ m = 0,1\ dam$

Da mesma forma:

2) $hm = 0,1\ km\ ;\ 1\ cm = 0,1\ dm\ ;\ 1\ mm = 0,1\ cm$

3) $1\ m = 0,01\ hm\ ;\ 1\ dm = 0,01\ dam\ ;\ 1\ cm = 0,001\ dam$

4) $1\ cm = 0,001\ dam = \dfrac{1}{1000}\ dam = \dfrac{1}{10^3}\ dam = 10^{-3}\ dam$

5) $174,2\ m = 17,42\ dam = 1,742\ hm = 0,1742\ km$

6) $2,432\ km = 24,32\ hm = 243,2\ dam = 2432\ m = 24320\ dm$

1 Completar:

a) 1 km =	hm	1 hm =	dam	1 dam =	m
b) 1 m =	dm	1 dm =	cm	1 cm =	mm
c) 1 km =	dam	1 hm =	m	1 dam =	dm
d) 1 m =	cm	1 dm =	mm	1 km =	m
e) 1 hm =	dm	1 dam =	cm	1 m =	mm
f) 1 km =	dm	1 hm =	cm	1 dam =	mm

2 Completar:

a) 1 dm =	m	1 cm =	m	1 mm =	m
b) 1 m =	dam	1 hm =	km	1 dam =	km
c) 1 m =	hm	1 mm =	dm	1 m =	km
d) 1 cm =	dm	1 dm =	dam	1 mm =	dam
e) 1 dam =	hm	1 dm =	hm	1 cm =	dam
f) 1 dm =	km	1 cm =	km	1 mm =	hm

03 Completar, usando potência de base 10.

a) 1 km =	m	1 km =	dm	1 km =	cm
b) 1 hm =	m	1 hm =	dm	1 hm =	mm
c) 1 dam =	cm	1 m =	mm	1 m =	dm
d) 1 km =	mm	1 hm =	cm	1 dam =	mm
e) 1 km =	hm	1 km =	dam	1 hm =	dam

km	hm	dam	m	dm	cm	mm

4 Completar, usando potência de base 10.

Lembre-se de que: $0,001 = \dfrac{1}{1000} = \dfrac{1}{10^3} = 10^{-3}$, $0,0001 = 10^{-4}$.

a) 1 m =   dam | 1 cm =   dm
b) 1 mm =   dm | 1 m =   hm
c) 1 cm =   dam | 1 cm =   hm
d) 1 mm =   hm | 1 dm =   km
e) 1 cm =   km | 1 m =   km

5 Completar:

a) 2,785 m =   dm =   cm =   mm
b) 7432,5 m =   dam =   hm =   km
c) 52 m =   hm =   cm =   dam
d) 0,052 km =   m =   cm =   mm
e) 7 m =   km =   dam =   cm
f) 5000 mm =   m =   cm =   hm

6 Deixando a vírgula onde está, multiplicando por uma potência conveniente de base 10, transformar em metros as seguintes medidas:

a) 2,78 km = | 3,1 hm =
b) 3,16 dam = | 4,1 cm =
c) 2,25 dm = | 3,7 mm =

7 Expressar em um número de metros, com apenas um algarismo e não nulo, antes da vírgula, as seguintes medidas:

a) 324,7 km = 324700 m = $3,247 \cdot 10^5$ m (ou $3,247 \cdot 10^2$ km = $3,247 \cdot 10^2 \cdot 10^3$ m) = $3,247 \cdot 10^5$ m

b) 735,6 hm =

c) 6412 km =

d) 547000 cm =

e) 0,071 km =

f) 0,273 cm =

g) 0,0421 mm =

2 – Regiões planas (áreas)

múltiplos do m^2			Unidade	submúltiplos do m^2		
quilômetro quadrado	hectômetro quadrado	decâmetro quadrado	metro quadrado	decímetro quadrado	centímetro quadrado	milímetro quadrado
km^2	hm^2	dam^2	m^2	dm^2	cm^2	mm^2
1000 000 m^2	10000 m^2	100 m^2	1 m^2	0,01 m^2	0,0001 m^2	0,000001 m^2

Em verdadeira grandeza:

▫ $\leftarrow$ 1 mm^2

 $\leftarrow$ 1 cm^2 = (1 cm)·(1 cm) = (10 mm)(10 mm) = 100 mm^2

Exemplo: 100 cm^2 = (10 cm)(10 cm) = (100 mm)(100 mm) = 10000 mm^2

Da mesma forma obtemos:

1) $1m^2$ = (1 m)(1 m) = (10 dm)(10 dm) = 100 dm^2

2) 1 m^2 = 100 dm^2 = 100 (1 dm^2) = 100 (100 cm^2) = 10 000 cm^2

3) 1 dam^2 = (1 dam)(1 dam) = (10 m)(10 m) = 100 m^2

4) 1 hm^2 = (1 hm)(1 hm) = (100 m)(100 m) = 10000 m^2

5) 1 km^2 = (1 km)(1 km) = (1000 m)(1000 m) = 1000 000 m^2

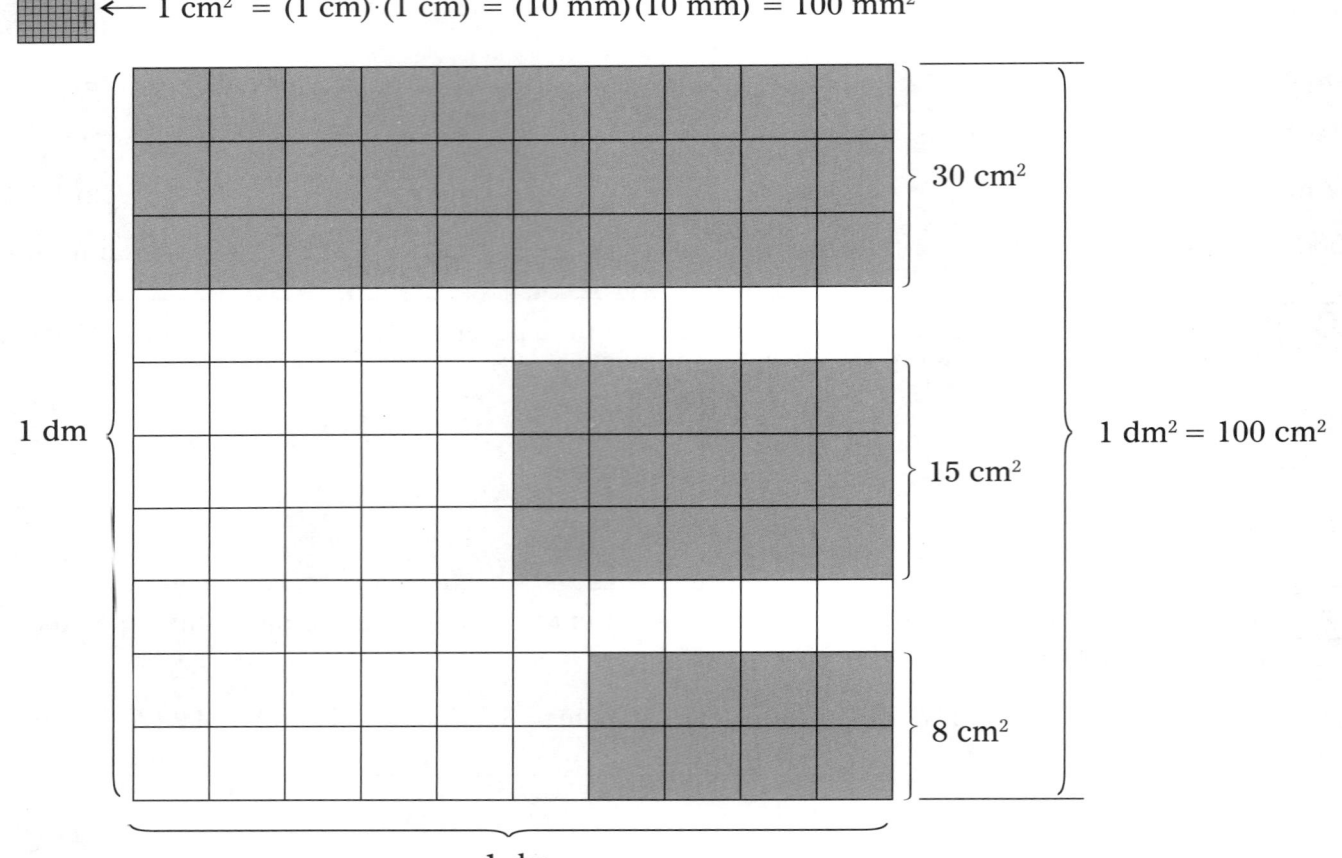

Exemplos:

1) $1\ km^2 = 100\ hm^2$; $1\ hm^2 = 100\ dam^2$; $1\ dam^2 = 100\ m^2$

2) $1\ km^2 = 100\ (1\ hm^2) = 100\ (100\ dam^2) = 10000\ dam^2 = 10^4\ dam^2$

3) $1\ km^2 = 10^4\ dam^2 = 10^4\ (1\ dam^2) = 10^4 \cdot (100\ m^2) = 10^4 \cdot 10^2\ m^2 = 10^6\ m^2$

4) $1\ km^2 = 10^6\ m^2 = 10^6 \cdot (1\ m^2) = 10^6 \cdot (100\ dm^2) = 10^6 \cdot 10^2\ dm^2 = 10^8\ dm^2$

5) $100\ cm^2 = 1\ dm^2 \implies 100\ (1\ cm^2) = 1\ dm^2 \implies 1\ cm^2 = \dfrac{1}{100}\ dm^2 \implies 1\ cm^2 = 0{,}01\ dm^2$ ou
$1\ cm^2 = \dfrac{1}{10^2}\ dm^2 \implies 1\ cm^2 = 10^{-2}\ dm^2$

Da mesma forma:

6) $1\ mm^2 = 0{,}01\ cm^2$ ou $1\ mm^2 = 10^{-2}\ cm^2$

7) $1\ m^2 = 0{,}01\ dam^2$ ou $1\ m^2 = 10^{-2}\ dam^2$

8) $1\ dam^2 = 0{,}0001\ km^2$ ou $1\ dam^2 = 10^{-4}\ km^2$

9) $17843\ m^2 = 178{,}43\ dam^2 = 1{,}7843\ hm^2 = 0{,}017843\ km^2$

10) $0{,}03481\ km^2 = 3{,}481\ hm^2 = 348{,}1\ dam^2 = 34810\ m^2 = 3481000\ dm^2$

---

8 Completar:

a) $1\ km^2 =$ hm^2 | $1\ hm^2 =$ dam^2 | $1\ dam^2 =$ m^2

b) $1\ m^2 =$ dm^2 | $1\ dm^2 =$ cm^2 | $1\ cm^2 =$ mm^2

c) $1\ hm^2 =$ m^2 | $1\ km^2 =$ dam^2 | $1\ dm^2 =$ mm^2

d) $1\ m^2 =$ cm^2 | $1\ dam^2 =$ dm^2 | $1\ km^2 =$ m^2

e) $1\ hm^2 =$ dm^2 | $1\ dam^2 =$ cm^2 | $1\ m^2 =$ mm^2

9 Completar:

a) $1\ dm^2 =$ m^2 | $1\ hm^2 =$ km^2 | $1\ mm^2 =$ cm^2

b) $1\ dam^2 =$ hm^2 | $1\ cm^2 =$ dm^2 | $1\ m^2 =$ hm^2

c) $1\ dam^2 =$ km^2 | $1\ mm^2 =$ dm^2 | $1\ cm^2 =$ m^2

d) $1\ m^2 =$ km^2 | $1\ mm^2 =$ m^2 | $1\ dm^2 =$ hm^2

10 Completar, usando potência de base 10.

a) $1\ km^2 =$ m^2 | $1\ hm^2 =$ m^2 | $1\ hm^2 =$ dm^2

b) $1\ km^2 =$ dm^2 | $1\ hm^2 =$ cm^2 | $1\ km^2 =$ cm^2

c) $1\ dam^2 =$ cm^2 | $1\ km^2 =$ dam^2 | $1\ dam^2 =$ mm^2

d) $1\ m^2 =$ mm^2 | $1\ km^2 =$ mm^2 | $1\ dm^2 =$ mm^2

Resp:

1 a) 10 ; 10 ; 10   b) 10 ; 10 ; 10   c) 100 ; 100 ; 100   d) 100 ; 100 ; 1000   e) 1000 ; 1000 ; 1000   f) 10000 ; 10000 ; 10000

2 a) 0,1 ; 0,01 ; 0,001   b) 0,1 ; 0,1 ; 0,01   c) 0,01 ; 0,01 ; 0,001   d) 0,1 ; 0,01 ; 0,0001   e) 0,1 ; 0,001 ; 0,001

f) 0,0001 ; 0,00001 ; 0,00001   **3** a) 10^3 ; 10^4 ; 10^5 b) 10^2 ; 10^3 ; 10^5 c) 10^3 ; 10^3 ; 10   d) 10^6 ; 10^4 ; 10^4

e) 10 ; 10^2 ; 10   **4** a) 10^{-1} ; 10^{-1} b) 10^{-2} ; 10^{-2} c) 10^{-3} ; 10^{-4} d) 10^{-5} ; 10^{-4}

e) 10^{-5} ; 10^{-3} **5** a) 27,85 dm = 278,5 cm = 2785 mm   b) 743,25 dam = 74,325 hm = 7,4325 km

c) 0,52 hm = 5200 cm = 5,2 dam   d) 52 m = 5200 cm = 52000 mm   e) 0,007 km = 0,7 dam = 700 cm   f) 5 m = 500 cm = 0,05 hm

6 a) $2{,}78 \cdot 10^3\ m$; $3{,}1 \cdot 10^2\ m$ b) $3{,}16 \cdot 10\ m$; $4{,}1 \cdot 10^{-2}\ m$ c) $2{,}25 \cdot 10^{-1}\ m$; $3{,}7 \cdot 10^{-3}\ m$

7 a) $3{,}247 \cdot 10^5\ m$ b) $7{,}356 \cdot 0^4\ m$ c) $6{,}412 \cdot 10^6\ m$ d) $5{,}47 \cdot 10^3\ m$ e) $7{,}1 \cdot 10\ m$ f) $2{,}73 \cdot 0^{-3}$ g) $4{,}21 \cdot 10^{-5}\ m$

11 Completar, usando potência de base 10.

a) 1 m² =   dam² | 1 hm² =   km²
b) 1 cm² =   m² | 1 dm² =   dam²
c) 1 mm² =   m² | 1 dm² =   hm²
d) 1 mm² =   hm² | 1 cm² =   km²
e) 1 dm² =   km² | 1 cm² =   dam²

12 Completar:

a) 3,4897 m² =   dm² =   cm² =   mm²
b) 479860 m² =   dam² =   hm² =   km²
c) 49 m² =   dm² =   cm² =   mm²
d) 0,002 hm²   dam² =   cm² =   m²
e) 9 m² =   dam² =   cm² =   hm²
f) 0,07 hm² =   dm² =   km² =   cm²

13 Deixando a vírgula onde está, multiplicando por uma potência conveniete de base 10, transformar em metros quadrados as seguintes medidas:

a) 3,41 dam² = | 7,41 hm² =
b) 3,41 km² = | 1,47 cm² =
c) 9,45 dm² = | 6,08 mm² =

14 Expressar em número de metros quadrados, com apenas um algarismo e não nulo, antes da vírgula, as seguintes medidas:

a) 24180 dam² = 2418000 m² = $2,418 \cdot 10^6$ m² (ou $2,418 \cdot 10^4$ dam² = $2,418 \cdot 10^4 \cdot 10^2$ m² = ...)

b) 342 hm² =

c) 2318 km² =

d) 0,0071 hm² =

e) 0,0002 km² =

f) 72813 dm² =

g) 4100 mm² =

h) 0,342 cm² =

i) 0,007 mm² =

3 – Sólidos (Volumes)

múltiplos do m³			Unidade	submúltiplos do m³		
quilômetro cúbico	hectômetro cúbico	decâmetro cúbico	metro cúbico	decímetro cúbico	centímetro cúbico	milímetro cúbico
km³	hm³	dam³	m³	dm³	cm³	mm³
1000 000 000 m³	1000 000 m³	1000 m³	1 m³	0,001 m³	0,000 001 m³	0,000 000 001 m³

Vamos considerar:

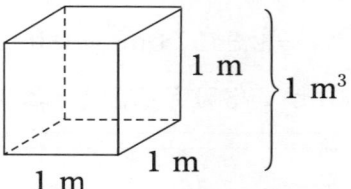

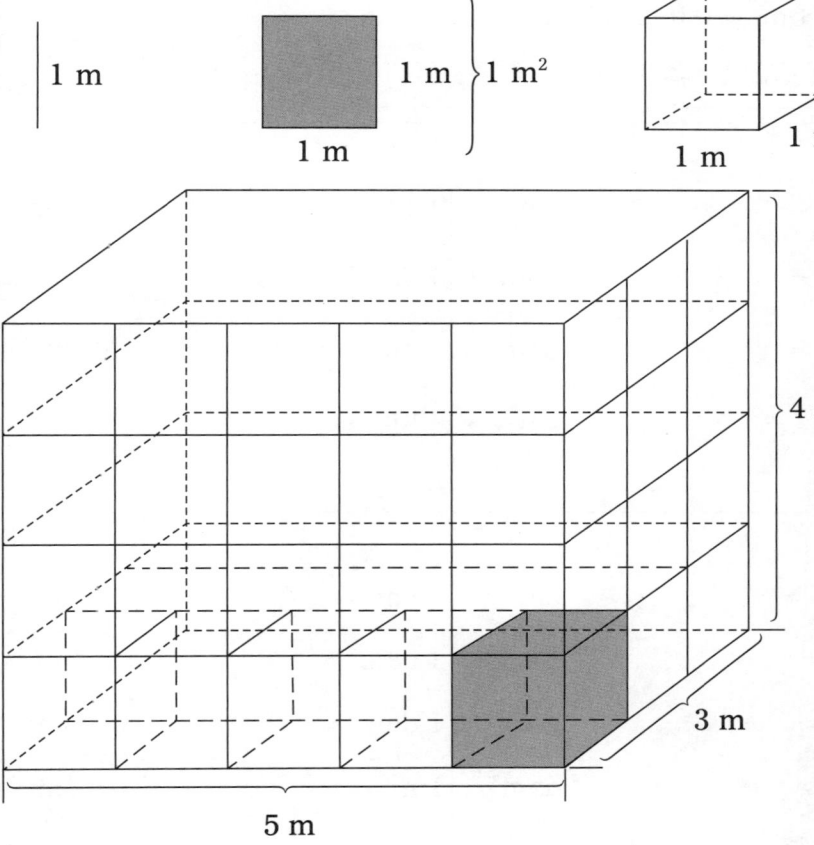

Volume = V

V = (5 m)(3 m)(4 m)

V = 60 m³

Em dm³, temos:

V = (5m)(3 m)(4 m)

V = (50 dm)(30 dm)(40 dm)

V = 60 000 dm³

Note que 5 cubos de 1 m³ formam uma "fila" e que 3 "filas" de 5 cubos formam a primeira "camada".

Então na primeira "camada" temos 3 · 5 = 15 cubos de 1m³. Como temos 4 "camadas", o bloco retangular dado tem 4 · 15 = 60 cubos de 1 m³. Então, este sólido tem 60 m³.

Note que:

1) 1m³ = (1 m)(1 m)(1 m) = (10 dm)(10 dm)(10 dm) = 1000 dm³

2) 1 dm³ = (1 dm)(1 dm)(1 dm) = (10 cm)(10 cm)(10 cm) = 1000 cm³

3) 1 cm³ = (1 cm)³ = (10 mm)³ = 1000 mm³

4) 1 dam³ = (1 dam)³ = (10 m)³ = 1000 m³

5) 1 hm³ = (1 hm)³ = (100 m)³ = 1000 000 m³ = 10⁶ m³

Resp: **8** a) 100 ; 100 ; 100   b) 100 ; 100 ; 100   c) 10 000 ; 10 000 ; 10 000   d) 10 000 ; 10 000 ; 1000 000
e) 1000 000 ; 1000 000 ; 1000 000   **9** a) 0,01 ; 0,01 ; 0,01   b) 0,01 ; 0,01 ; 0,0001   c) 0,0001 ; 0,0001 ; 0,0001
d) 0,000 001 ; 0,000 001 ; 0,000 001
10 a) 10^6 ; 10^4 ; 10^6 b) 10^8 ; 10^8 ; 10^{10} c) 10^6 ; 10^4 ; 10^8 d) 10^6 ; 10^{12} ; 10^4

Exemplos:

1) $1 \text{ km}^3 = (1 \text{ km})^3 = (1000 \text{ m})^3 = (10^3 \text{ m})^3 = 10^9 \text{ m}^3 = 1\,000\,000\,000 \text{ m}^3$

2) $1 \text{ hm}^3 = (1 \text{ hm})^3 = (100 \text{ m})^3 = (100 \cdot 100 \text{ cm})^3 = (10^4 \text{ cm})^3 = 10^{12} \text{ cm}^3$

3) $1000 \text{ dm}^3 = 1 \text{ m}^3 \Rightarrow 1000 \, (1 \text{ dm}^3) = 1 \text{m}^3 \Rightarrow 1 \text{ dm}^3 = \dfrac{1}{1000} \text{ m}^3 \Rightarrow 1 \text{ dm}^3 = 0{,}001 \text{ cm}^3$ ou $1 \text{ dm}^3 = \dfrac{1}{10^3} \text{ m}^3 \Rightarrow 1 \text{ dm}^3 = 10^{-3} \text{ m}^3$

Da mesma forma:

4) $1 \text{ mm}^3 = 0{,}001 \text{ cm}^3$ ou $1 \text{ mm}^3 = 10^{-3} \text{ cm}^3$

5) $1 \text{ cm}^3 = 0{,}001 \text{ dm}^3$ ou $1 \text{ cm}^3 = 10^{-3} \text{ dm}^3$

6) $1 \text{ hm}^3 = 0{,}001 \text{ km}^3$ ou $1 \text{ hm}^3 = 10^{-3} \text{ km}^3$

7) $2345700 \text{ m}^3 = 2345{,}7 \text{ dam}^3 = 2{,}3457 \text{ hm}^3 = 0{,}0023457 \text{ km}^3$

8) $0{,}0003518 \text{ km}^3 = 0{,}3518 \text{ hm}^3 = 351{,}8 \text{ dam}^3 = 351800 \text{ m}^3$

15 Completar:

a) $1 \text{ m}^3 = \quad \text{dm}^3 \quad | \quad 1 \text{ dm}^3 = \quad \text{cm}^3 \quad | \quad 1 \text{ cm}^3 = \quad \text{mm}^3$

b) $1 \text{ km}^3 = \quad \text{hm}^3 \quad | \quad 1 \text{ hm}^3 = \quad \text{dam}^3 \quad | \quad 1 \text{ dam}^3 = \quad \text{m}^3$

c) $1 \text{ m}^3 = \quad \text{cm}^3 \quad | \quad 1 \text{ km}^3 = \quad \text{dam}^3 \quad | \quad 1 \text{ dm}^3 = \quad \text{mm}^3$

d) $1 \text{ hm}^3 = \quad \text{m}^3 \quad | \quad 1 \text{ dam}^3 = \quad \text{cm}^3 \quad | \quad 1 \text{ km}^3 = \quad \text{m}^3$

16 Completar:

a) $1 \text{ dm}^3 = \quad \text{m}^3 \quad | \quad 1 \text{ mm}^3 = \quad \text{cm}^3 \quad | \quad 1 \text{ cm}^3 = \quad \text{dm}^3$

b) $1 \text{ hm}^3 = \quad \text{km}^3 \quad | \quad 1 \text{ m}^3 = \quad \text{dam}^3 \quad | \quad 1 \text{ dam}^3 = \quad \text{hm}^3$

c) $1 \text{ cm}^3 = \quad \text{m}^3 \quad | \quad 1 \text{ m}^3 = \quad \text{hm}^3 \quad | \quad 1 \text{ dam}^3 = \quad \text{km}^3$

d) $1 \text{ mm}^3 = \quad \text{dm}^3 \quad | \quad 1 \text{ dm}^3 = \quad \text{dam}^3 \quad | \quad 1 \text{ m}^3 = \quad \text{km}^3$

17 Completar, usando potência de base 10.

a) $1 \text{ km}^3 = \quad \text{m}^3 \quad | \quad 1 \text{ km}^3 = \quad \text{dm}^3$

b) $1 \text{ hm}^3 = \quad \text{m}^3 \quad | \quad 1 \text{ dam}^3 = \quad \text{cm}^3$

c) $1 \text{ m}^3 = \quad \text{cm}^3 \quad | \quad 1 \text{ dm}^3 = \quad \text{mm}^3$

d) $1 \text{ km}^3 = \quad \text{cm}^3 \quad | \quad 1 \text{ km}^3 = \quad \text{mm}^3$

e) $1 \text{ hm}^3 = \quad \text{mm}^3 \quad | \quad 1 \text{ hm}^3 = \quad \text{cm}^3$

f) $1 \text{ dam}^3 = \quad \text{dm}^3 \quad | \quad 1 \text{ dam}^3 = \quad \text{mm}^3$

g) $1 \text{ m}^3 = \quad \text{dm}^3 \quad | \quad 1 \text{ m}^3 = \quad \text{mm}^3$

18 Completar, usando potência de base 10.

a) 1 m³ = _____ dam³ | 1 cm³ = _____ m³
b) 1 dam³ = _____ km³ | 1 m³ = _____ km³
c) 1 cm³ = _____ dam³ | 1 dm³ = _____ hm³
d) 1 cm³ = _____ km³ | 1 mm³ = _____ dam³

19 Completar:

a) 1,2345 m³ = _____ dm³ = _____ cm³ = _____ mm³

b) 235756 m³ = _____ dam³ = _____ hm³ = _____ km³

c) 71 m³ = _____ cm³ = _____ dam³ = _____ mm³

d) 0,00005 hm³ = _____ dam³ = _____ km³ = _____ m³

e) 6 dm³ = _____ cm³ = _____ hm³ = _____ mm³

20 Deixando a vírgula onde está, multiplicando por uma potência conveniente de base 10, transformar em metros cúbicos as seguintes medidas.

a) 2,91 dam³ =
b) 1,25 dm³ =
c) 6,18 hm³ =

3,01 km³ =
5,18 cm³ =
2,108 mm³ =

21 Expressar em número de metros cúbicos, com apenas um algarismo e não nulo, antes da vírgula, as seguintes medidas:

a) 23410 dam³ = 23410000 m³ = 2,341 · 10⁷ m³ (ou 2,341 · 10⁴ dam³ = 2,341 · 10⁴ · 10³ m³ = ...)

b) 132 hm³ =

c) 1618 km³ =

d) 618 cm³ =

e) 0,0413 dam³ =

f) 0,0021 cm³ =

g) 30100 mm³ =

h) 314 dm³ =

i) 0,00032 mm³ =

Resp: **11** a) 10^{-2} ; 10^{-2} b) 10^{-4} ; 10^{-4} c) 10^{-6} ; 10^{-6} d) 10^{-10} ; 10^{-10} e) 10^{-8} ; 10^{-6}

12 a) 348,97 dm² = 34897 cm² = 3489700 mm²   b) 4798,6 dam = 47,986 hm² = 0,47986 km²
c) 4900 dm² = 490 000 cm² = 49 000 000 mm²   d) 0,2 dam² = 200 000 cm² = 20 m²
e) 0,09 dam² = 90 000 cm² = 0,0009 hm²   f) 70 000 dm² = 0,0007 km² = 7000 000 cm²

13 a) 10^2 ; 10^4 b) 10^6 ; 10^{-4} c) 10^{-2} ; 10^{-6} **14** a) $2,418 \cdot 10^6$ m²   b) $3,42 \cdot 10^6$ m²   c) $2,318 \cdot 10^9$ m²
d) $7,1 \cdot 10$ m²   e) $2 \cdot 10^2$ m²   f) $7,2813 \cdot 10^2$ m²   g) $4,1 \cdot 10^{-3}$ m²   h) $3,42 \cdot 10^{-5}$ m²   i) $7 \cdot 10^{-9}$ m²

22 Transformar em m, m² ou m³, conforme for o caso, com apenas um algarismo e não nulo, antes da vírgula, as seguintes medidas:

a) $351{,}3 \cdot 10^8$ cm =

b) $0{,}00025 \cdot 10^{-3}$ dam² =

c) $125 \cdot 10^{15}$ mm³ =

d) $0{,}000075 \cdot 10^{-3}$ km² =

e) $0{,}0031 \cdot 10^{-8}$ km =

f) $0{,}021 \cdot 10^{-5}$ hm³ =

g) $52300 \cdot 10^7$ cm² =

h) $570000 \cdot 10^{-7}$ km³ =

23 Obtenha os resultados em m, m² ou m³, conforme for o caso:

a) 3454 mm + 0,0318 dam + 0,03 hm	b) 0,00512 hm² + 327000 cm²
c) 32445 dm³ + 0,000019675 hm³	d) 2143,2 cm + 0,0784 hm − 5480 mm
e) $300{,}56 \cdot 10^{-7}$ km² − $0{,}1937 \cdot 10^8$ mm²	f) $0{,}001804 \cdot 10^{10}$ cm³ − $1980 \cdot 10^{-12}$ km³

g) $3142 \cdot 10^{11}$ mm² + $5{,}8 \cdot 10^2$ hm² + $0{,}4138 \cdot 10^{13}$ dm²

Resumo das transformações de unidades

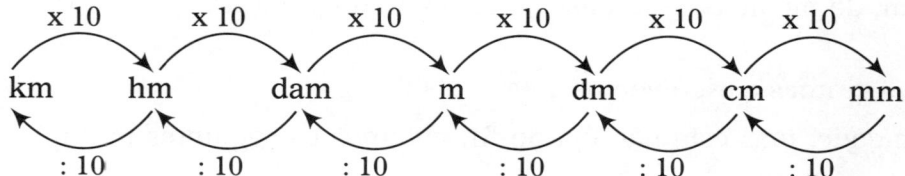

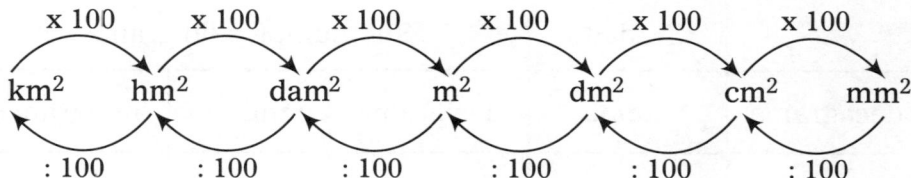

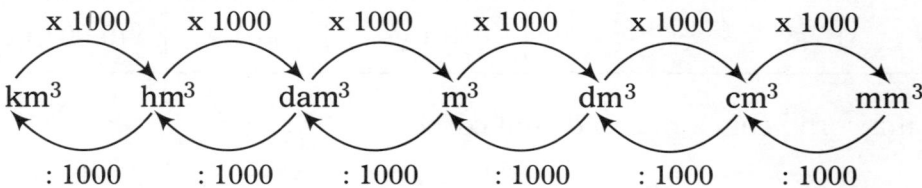

Mais múltiplos e submúltiplos do metro

megametro (Mm): 1 Mm = 10^6 m

gigametro (Gm): 1 Gm = 10^9 m

Terametro (Tm): 1 Tm = 10^{12} m

micrometro (μm): 1 μm = 10^{-6} m

nanometro (nm) = 1 nm = 10^{-9} m

picometro (pm) = 1 pm = 10^{-12} m

Resp:

15 a) 1000 ; 1000 ; 1000   b) 1000 ; 1000 ; 1000   c) 1 000 000 ; 1 000 000 ; 1 000 000

d) 1 000 000 ; 1 000 000 000 ; 1 000 000 000   **16** a) 0,001 ; 0,001 ; 0,001   b) 0,001 ; 0,001 ; 0,001

c) 0,000 001 ; 0,000 001 ; 0,000 001   d) 0,000 001 ; 0,000 001 ; 0,000 000 001

17 a) 10^9 ; 10^{12} b) 10^6 ; 10^9 c) 10^6 ; 10^6 d) 10^{15} ; 10^{18} e) 10^{15} ; 10^{12} f) 10^6 ; 10^{12} g) 10^3 ; 10^9

18 a) 10^{-3} ; 10^{-6} b) 10^{-6} ; 10^{-9} c) 10^{-9} ; 10^{-9} d) 10^{-15} ; 10^{-12}

19 a) 1234,5 dm³ = 1234500 cm³ = 1234500 000 mm³   b) 235,756 dam³ = 0,235756 hm³ = 0,000 235 756 km³

c) 71 000 000 cm³ = 0,071 dam³ = 71 000 000 000 mm³   d) 0,05 dam³ = 0,000 000 05 km³ = 50 m³

e) 6000 cm³ = 0,000 000 006 hm³ = 6000 000 mm³   **20** a) $2{,}91 \cdot 10^3$ m³ ; $3{,}01 \cdot 10^9$ m³

b) $1{,}25 \cdot 10^{-3}$ m³ ; $5{,}18 \cdot 10^{-6}$ m³   c) $6{,}18 \cdot 10^6$ m³ ; $2{,}108 \cdot 10^{-9}$ m³   **21** a) $2{,}341 \cdot 10^7$ m³   b) $1{,}32 \cdot 10^8$ m³

c) $1{,}618 \cdot 10^{12}$ m³   d) $6{,}18 \cdot 10^{-4}$ m³   e) $4{,}13 \cdot 10$ m³   f) $2{,}1 \cdot 10^{-9}$ m³

g) $3{,}01 \cdot 10^{-5}$ m³   h) $3{,}14 \cdot 10^{-1}$ m³   i) $3{,}2 \cdot 10^{-13}$ m³

4 – Sólidos (Massas)

No SI (Sistema internacional, de medidas), o quilograma, símbolo **kg** é a unidade padrão de massa.

Um quiligrama é igual a 1000 gramas e escrevemos 1 kg = 1000g.

Adotando o grama como unidade, mas esta não é a do SI, obtemos os seguintes múltiplos e submúltiplos:

Múltiplos do grama			Unidade	Submúltiplos do grama		
quilograma	hectograma	decagrama	grama	decigrama	centigrama	miligrama
kg	hm	dag	g	dg	cg	mg
1000 g	100 g	10 g	1 g	0,1 g	0,01 g	0,001 g

Obs.: 1) Não confundir peso de um corpo com a massa de um corpo.

A **massa** mede a quantidade de matéria de um corpo.

O **peso** de um corpo é uma força obtida pelo produto da sua massa pela gravidade no local.

Apenas para ilustrar, uma pessoa com **massa** de 50 kg **pesa** em um lugar com gravidade $g = 9,8 \text{ m/s}^2$ (esta é aproximadamente a gravidade na superfície da Terra), o seguinte:

$P = m \cdot g \Rightarrow P = 50 \text{ kg} \cdot 9,8 \text{ m/s}^2 \Rightarrow P = 490 \text{ kg} \cdot \text{m/s}^2$

Como a unidade de força no SI é o Newton (N), escrevemos:

Uma pessoa com massa de 50 kg pesa, em repouso, na terra 490 N

Este assunto, relação entre peso e massa será estudado posteriormente.

2) Para expressarmos grandes massas, usamos a **tonelada**

1 tonelada = 1 000 kg

3) No Brasil, para expressar massas de animais, usamos a **arroba**

1 arroba = 15 kg

Para transformar unidade de massas:

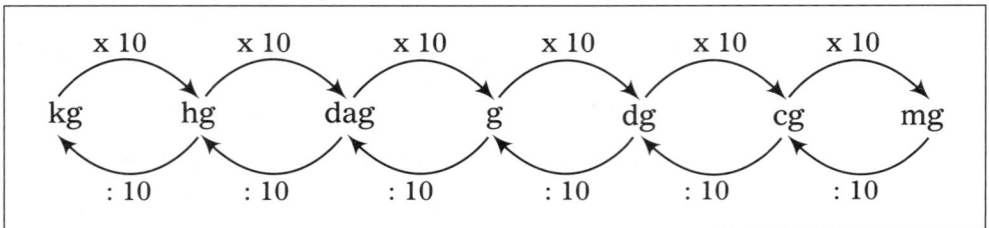

Para transformarmos de uma unidade para outra, multiplicamos por 10, 100, 1000, etc, se ela for um submúltiplo da original e dividimos por 10, 100, 1000 etc, se ela for um múltiplo da original.

Já sabemos que para multiplicar por 10, 100, 1000, etc " deslocamos" a vírgula para direta, 1, 2, 3, etc, casas. Para dividir por 10, 100, 1000, etc, " destocamos" a vírgula para a esquerda 1, 2, 3, etc, casas.

Exemplos:

1º) 1 g = 10 dg,   1g = 100 cg,   1dag = 10 g,   1dag = 100 dg

2º) 1 kg = 10 hg = 100 dag = 1000 g = 10 000 dg = 100 000 cg

3º) 1g = 0,1 dag,   1 g = 0,01 hg,   1g = 0,001 kg

4º) 1 dg = 0,1g = 0,01 dag = 0,001 hg = 0,0001 kg

24 Transformar em gramas (g)

a) 1 kg =	1 hg =	1 dag =
b) 1 dg =	1 cg =	1 mg =
c) 1,235 kg =	3,4 kg =	2 kg =
d) 0,003 kg =	1,128 hg =	3485 dag =
e) 58900 cg =	5000 mg =	184 dg =
f) 52 dag =	52 dg =	442 mg =

25 Completar:

a) 34,56 kg =   dag =   dg =   hg

b) 543 dag =   dg =   g =   hg

c) 423, 5 dg =   mg =   g =   kg

d) 2345, 18 cg =   g =   hg =   mg

Resp: **22** a) $3{,}513 \cdot 10^8$ m b) $2{,}5 \cdot 10^{-5}$ m c) $1{,}25 \cdot 10^8$ m^3 d) $7{,}5 \cdot 10^{-2}$ m^2
e) $3{,}1 \cdot 10^{-8}$ m f) $2{,}1 \cdot 10^{-1}$ m^3 g) $5{,}23 \cdot 10^7$ m^2 h) $5{,}7 \cdot 10^7$ m^3
23 a) 6,772 m b) 83,9 m^2 c) 52,12 m^3 d) 23,792 m
e) 10,686 m^2 f) 16,06 m^3 g) $4{,}17 \cdot 10^{10}$ m^2

26 Resolver

a) Uma pessoa de 71500 gramas de massa, tem quantos quilogramas?

b) Um frango com uma massa de 3150 gramas tem quantos quilogramas?

c) Se um boi tem 60 arrobas, qual sua massa em kg?

d) Um elefante tem 4,57 toneladas, qual sua massa em kg?

e) A massa de um hipopótamo é de 1,450 tonelada, qual a sua massa em decagrama?

f) Um rinoceronte tem 134500 dag. Qual é sua massa em toneladas.

g) 50 gramas de um produto custam R$ 65,00. Qual o preço de 20 decagramas deste produto?

h) Um bebê que nasce com 3567 gramas, tem quantos quilogramas neste instante?

i) Se juntarmos 0,025 kg de ração com outros 1200 cg da mesma, quantos gramas obtemos?

j) Cada manga tem, em média, de um lote de 200 mangas, 75,5 dag. Qual a massa dessas 200 mangas em quilograma?

k) Quantos gramas de massa tem uma mistura de 125 dg de farinha com 0,0475 kg da mesma?

l) Quantos gramas de aveia devem ser juntados a 575 000 miligramas da mesma para obtermos 12,25 hectogramas?

5 – Volumes de líquidos e gases

Para medirmos volumes de líquidos e gases, além de m³, dm³, etc, usamos o litro (L) e seus múltiplos e submúltiplos.

Múltiplos do litro			Unidade	Submúltiplos do litro		
quilolitro	hectolitro	decalitro	litro	decilitro	centilitro	mililitro
kℓ	hℓ	daℓ	L	dℓ	cℓ	mℓ
1000 L	100 L	10 L	1 L	0,1 L	0,01 L	0,001 L

Para transformação de unidades:

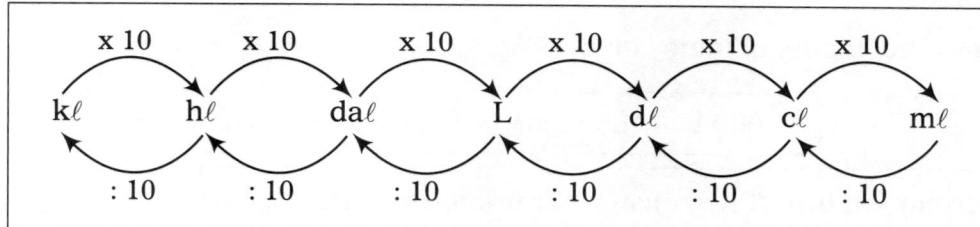

Exemplos:

1º) 1 L = 10 dℓ,   1 L = 100 cℓ,   1 daℓ = 10 L,   1 hℓ = 1000 dℓ

2º) 1 kℓ = 10 hℓ = 100 daℓ = 1000 L = 10 000 dℓ

3º) 1 L = 0,1 daℓ,   1 mℓ = 0,001 L,   1 dℓ = 0,0001 kℓ

4º) 145,8 dℓ = 14,58 L = 1,458 daℓ = 0,1458 hℓ = 0,01458 kℓ

---

27 Transformar em litro (L).

a) 1 kℓ =	1 hℓ =	1 daℓ =
b) 1 dℓ =	1 cℓ =	1 mℓ =
c) 1,32 kℓ =	0,342 hℓ =	0,25 daℓ =
d) 0,05 hℓ =	0,012 kℓ =	2340 mℓ =
e) 3,4 daℓ =	0,32 hℓ =	2368 cℓ =
f) 3,4 dℓ =	0,32 cℓ =	0,3 mℓ =

Resp: **24** a) 1000 g, 100 g, 10 g   b) 0,1 g, 0,01 g, 0,001 g   c) 1,235 g, 3400 g, 2000 g   d) 3 g, 112,8 g, 34850 g
e) 589 g, 5 g, 18,4 g   f) 520 g, 5,2 g, 0,442 g   **25** a) 3456, 345600, 345,6   b) 54300, 5430, 54,3
c) 42350, 42,350, 0,04235   d) 23,4518, 0,234518, 23451,8

28 Completar

a) 22,30 kℓ =   hℓ =   daℓ =   L

b) 345 daℓ =   kℓ =   L =   dℓ

c) 2300 dℓ =   L =   mℓ =   hℓ

d) 34800 mℓ =   dℓ =   L =   kℓ

Uma equivalência importante é a de que o volume de 1m³ corresponde ao volume de 1000 L e podemos escrever:

$1 m^3 = 1000 L$ ou $1 m^3 = k\ell$

Como $1 m^3 = 1000 dm^3$, obtemos que:

$$1000 L = 1000 dm^3 \Rightarrow 1 L = 1 dm^3 \text{ e } 1 dm^3 = 1 L$$

---

29 Transformar em litro (L). Transformar primeiramente em dm³.

a) 1 dm³ = | 1 m³ =

b) 400 cm³ = | 500 cm³ =

c) 1500 cm³ = | 5000 000 mm³ =

d) 2 dam³ = | 5350 cm³ =

30 Resolver:

a) Um copo tem a capacidade de 200 cm³, quantos deles são necessários para encher um frasco de 2 litros?

b) Um frasco de xarope tem 75 cm³. Quantas doses de 5 mℓ obtém-se com o conteúdo deste frasco?

c) Para fazer um suco uma fábrica mistura 4000 cm³ de um xarope com 0,018 m³ de água. Quantos Litros de Suco São obtidos nesta mistura?

d) Um tonel tem a capacidade de 200 L e outro a de 3,6 m³. Quantos do menor são necessários para encher o maior?

31 Resolver:

a) Uma placa de isopor tem 23 mm de espessura. Camila empilhou 35 placas como esta. Qual a altura desta pilha, em metros?

b) Uma caixa de papelão tem 40 mm de altura. Quantos são necessários, empilhando-as, para atingir a altura de 1 m?

c) Um arame de 3,85 m de comprimento foi cortado em 5 pedaços de mesmo comprimento. Qual o comprimento em mm, de cada parte?

d) Quando nasci tinha 56 centímetros. Hoje minha altura é 1,46 m. Quantos centimetros cresci?

e) Para fazer uma cortina, dona Paula precisa de 3 altura de 280 cm cada uma. Quantos metros de tecidos são necessários para fazer esta cortina?

f) Karina cortou 6,80 m de barbante em partes iguais para amarrar 20 pacotes iguais. Quantos cm foram utilizados em cada pacote?

g) A gaveta de uma escrivaninha tem 11,4 cm de altura. Fazendo uma só pilha, quantas folhas de sulfite posso empilhar dentro dela, se cada folha tem 0,1 mm de espessura?

h) Fazendo lado a lado risco retilíneos com uma lapiseira 0,7 mm, obtivemos uma faixa de 70 cm. Quantos riscos foram feitos?

i) Considerando lapiseiras de 12,5 cm de comprimento, para medir, como unidade o comprimento da Av. Paulista, que é de 2,8 km, quantas lapiseiras esta avenida mede?

j) O rio Amazonas tem 6992 km, dos quais 3165 km em território brasileiro. Se a largura média dele é de 15 km, quantas desta largura tem o comprimento brasileiro dele?

Resp: **26** a) 71,5 kg b) 3,150 kg c) 900 kg d) 4570 kg e) 145000 dag f) 1,345 g) R$ 2600,00 h) 3,567 kg
i) 37 g j) 151 kg k) 60 g l) 650 g **27** a) 1000 L, 100 L, 10 L b) 0,1 L, 0,01 L, 0,001 L
c) 1320 L, 34,2 L, 2,5 L d) 5 L, 12 L, 2,340 L e) 34 L, 32 L, 23,68 L f) 0,34 L, 0,0032 L, 0,0003 L
28 a) 223, 2230, 22300 b) 3,45, 3450, 34500 c) 230, 0,23, 2,3 d) 348, 34,8, 0,0348
29 a) 1L, 1000 L b) 0,4 L, 0,5 L c) 1,5L, 5L d) 2000 000 L, 5,35 L
30 a) 10 b) 15 c) 22 L d) 18
31 a) 0,805 m b) 25 caixas c) 770 mm d) 90 cm e) 8,4 mm
f) 34 cm g) 1140 folhas h) 1000 i) 22400 j) 211

II CONJUNTOS

Neste capítulo vamos fazer um introdução ao estudo elementar de conjuntos, que será útil para a formalização e entendimento de assuntos que virão posteriormente. O estudo aprofundado de conjuntos é feito em curso superior.

1 – Conjunto, elemento e pertinência

Os conceitos de conjunto, elemento e pertinência entre elemento e conjunto são considerados primitivos e são aceito sem definição.

De acordo com a conveniência costumamos por os elementos de um conjunto entre chaves, separados por vírgula ou no interior de uma linha fechada. E costumamos nomear um conjunto por letras maiúsculas A, B, C, D, etc.

Exemplos:

1) Conjunto A dos números 1, 2, 3, 4

   A = { 1, 2, 3, 4} ou (diagrama com 1, 2, 3, 4) A   Este 2º modo é chamado diagrama

2) Conjunto B dos números pares que estão entre 1 e 9

   B = { 2, 4, 6, 8} ou B (diagrama com 2, 4, 6, 8)   Quando a linha fechada for circunferência o diagrama é chamado de Euler ou de Venn.

3) Conjunto C das letras da palavra conjunto

   C = {o, u, c, j, n, t} = {c, o, n, j, u, t}. Não importa a ordem

4) Conjunto V das vogais do nosso alfabeto

   V= {a, e, i, o, u}

No exemplo A = {1, 2, 3, 4}, A é o conjunto, ou {1, 2, 3, 4} é o conjunto e 1, 2, 3 e 4 são os seus elementos e dizemos que 1, 2, 3 e 4 pertencem ao conjunto A. Para " pertence a" usaremos o símbolo $\in$.

1 pertence a {1, 2, 3, 4} ou 1 $\in$ {1, 2, 3, 4} ou 1 $\in$ A

Note que: 2 $\in$ {1, 2, 3, 4} ou 2 $\in$ A, 3 $\in$ {1, 2, 3, 4}, 3 $\in$ A

Para "não pertence à" usaremos o símbolo $\notin$.

Note que 5 $\notin$ {1, 2, 3, 4}, 5 $\notin$ A, 0 $\notin$ {1, 2, 3, 4}, 0 $\notin$ A

Outros exemplos:

5 $\in$ { 3, 5, 7},   8 $\notin$ {1, 2}, 9 $\in$ {7, 8 , 9},   6 $\notin$ {1, 3, 5, 7}

2 – Enumeração dos elementos

Dizemos que um conjunto dado desta forma: A = {1, 2, 3, 4} foi determinado pela enumeração dos seus elementos.

Nesta forma não é usual, embora não esteja errado, repetir elementos.

Exemplo: Determinar, por enumeração dos elementos entre chaves, os seguintes conjuntos:

1) Conjunto A das letras da palavras arara: A = {a, r} = {r, a}

Note que: A = { a, a, a, r, r} = { a, r} = {r, a}

Mais adiante definiremos igualdade de conjuntos.

2) Conjunto **A** dos algarismos indo - arábicos : A = { 0, 1, 2, 3, 4, 5, 6, 7, 8, 9}

3) Conjunto **B** dos divisores naturais de 12 : B = { 1, 2, 3, 4, 6, 12}

4) Conjunto **D** dos múltiplos de 5 que estão entre 13 e 337

D = {15, 20, 25, 30,..., 330, 335}

Obs.: Determinamos também, por enumeração, conjuntos onde não é conveniente escrever todos os elementos.

5) Conjunto M dos múltiplos naturais de 7.

M = {0, 7, 14, 21, ...}. Este conjunto é infinito.

3 – Conjunto unitário e conjunto vazio

Quando é dada uma característica que nos permite determinar por enumeração um conjunto, podemos obter um caso em que o conjunto tenha um só elemento. Ele é chamado **conjunto unitário**.

Exemplo:

1) Conjunto das consoantes da palavra ano: {n}

2) Múltiplos de 7 que estão entre 22 e 30 : {28}

Há também o caso em que não há elemento satisfazendo a condição dada. O conjunto sem elementos é chamado **conjunto vazio**.

Exemplo:

1) conjunto D das consoantes da palavra ou:

D = { } ou D = ∅

2) conjunto E dos múltiplos de 7 que estão entre 10 e 13:

E = { } ou E = ∅

Obs.: Indicamos o conjunto vazio por { } ou por ∅.

32 Completar com ∈, "pertence a", ou com ∉, "não pertence", de modo que a sentença obtida seja verdadeira, nos casos:

a) 2 ___ {1, 2, 3}	b) 3 ___ {1, 2, 3}	c) 4 ___ {1, 2, 3}
d) 4 ___ {0, 2, 4}	e) 4 ___ {1, 3, 5}	f) 6 ___ {2, 4, 6}
g) 2 ___ {2, 11}	h) 2 ___ {22, 23}	i) 1 ___ {12, 13}
j) 0 ___ {10, 11}	k) 3 ___ {3, 11, 19}	l) 2 ___ {4, 2, 0}

33 Determinar, por enumeração dos elementos entre chaves, o conjunto A, nos casos:

a) A é o conjunto das letras da palavra amor:

b) A é o conjunto das letras da palavra macaco:

c) A é o conjunto das vogais do nosso alfabeto:

d) A é o conjunto das vogais da palavra alfabeto:

e) A é o conjunto das consoantes da palavra brasileiro:

f) A é o conjunto do números pares que são maiores que 1 e menores que 15:

g) A é o conjunto dos números ímpares que estão entre 4 e 20:

h) A é o conjunto dos números naturais maiores que 10 e menores que 200:

i) A é o conjunto dos números naturais que estão entre 100 e 1000:

j) A é o conjunto dos números naturais maiores que 20:

k) A é o conjunto dos números naturais maiores que 100:

34 Em cada caso é dado um conjunto na forma de diagrama de Venn, determinar o conjunto por enumeração.

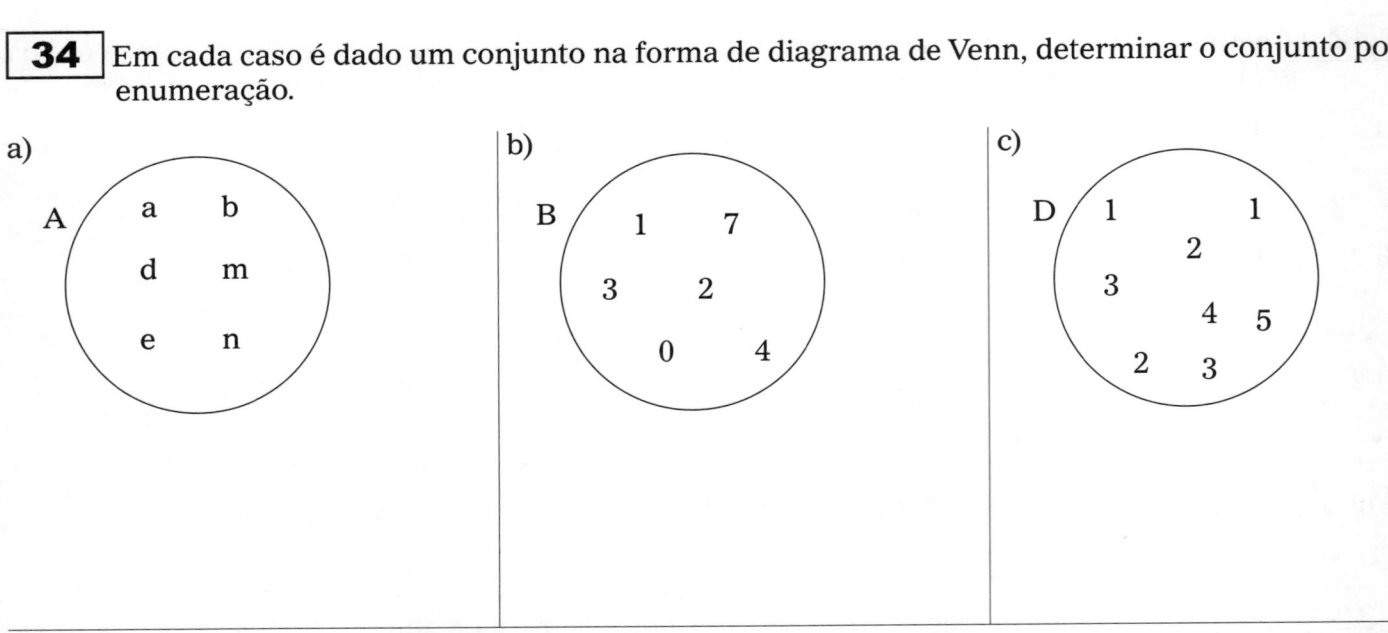

35 Em cada caso são dados os conjuntos A e B, há elementos que pertencem a ambos, determinar A e B por enumeração.

a)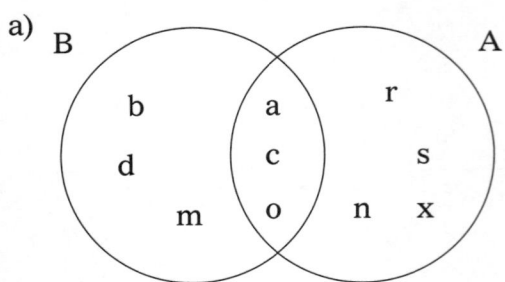

A =

B =

b)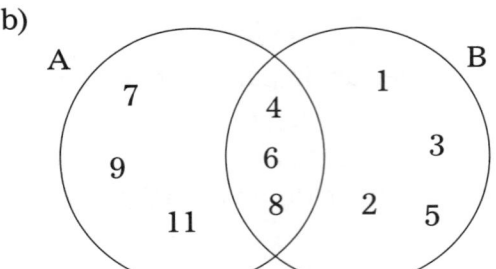

A =

B =

36 Determinar por enumeração dos elementos entre chaves os seguintes conjuntos:

a) A é o conjunto das letras da palavras mar:

b) B é o conjunto das consoantes da palavras mar:

c) D é o conjunto das vogais da palavra mar:

d) E é o conjunto das consoantes da palavra eu:

e) F é o conjunto dos múltiplos de 5 que estão entre 4 e 7:

f) G é o conjunto dos múltiplos de 7 que estão entre 8 e 12:

g) H é o conjunto dos números naturais primos que são pares:

h) J é o conjunto dos números primos que estão entre 24 e 28:

37 Classificar com V (verdadeira) ou F (falsa) cada uma das sentenças:

a) $2 \in \{1,3\}$ ( )	b) $3 \notin \{0,3\}$ ( )	c) $5 = \{5\}$ ( )
d) $6 \in \{6\}$ ( )	e) $6 \in \{6\}$ ( )	f) $7 \notin \{\ \}$ ( )
g) $4 \in \emptyset$ ( )	h) $0 \notin \emptyset$ ( )	i) $0 = \emptyset$ ( )
j) $0 \in \{0\}$ ( )	k) $1 = \{1\}$ ( )	l) $1 \in \{1\}$ ( )

38 Representar o conjunto dado através de um diagrama nos casos:
(Não é necessário fazer uma circunferência, faça uma linha fechada qualquer).

a) A = { 3, 4, 5, 6}   b) B = {7, 9}   c) C = {5}

39 Dados os conjuntos A e B, represente - os na forma de diagrama.

a) A = {a, b, c, d, e}
   B = {a, c, e, f, h}

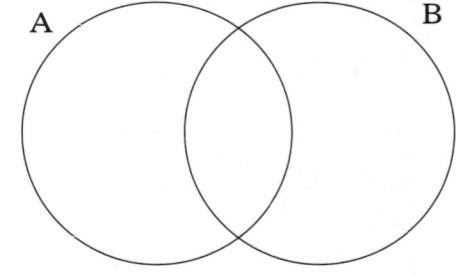

b) A = {0, 1, 2, 3, 4}
   B = {3, 4, 5, 6, 7}

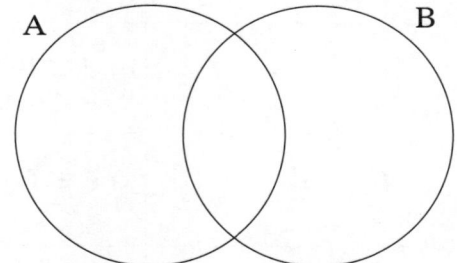

c) A = {0, 1, 2, 3}, B = {3, 4, 5, 6}

d) A = {2, 3, 4, 5}, B = {6, 7, 8, 9}

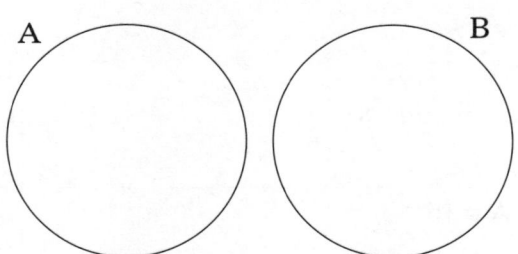

Resp: **32** a) $\in$ b) $\in$ c) $\notin$ d) $\in$ e) $\notin$ f) $\in$ g) $\in$ h) $\notin$ i) $\notin$ j) $\notin$ k) $\in$ l) $\in$

33 a) A = {a, m, o, r} b) A = {a, c, m, o} c) A = {a, e, i, o, u} d) A = {a, e, o} e) A = {b, l, r, s}
f) A ={ 2, 4, 6, 8, 10, 12, 14} g) A = {5, 7, 9, 11, 13, 15, 17, 19} h) A = {11, 12, 13, ..., 198, 199}
i) A = { 101, 102, 103, ..., 998, 999} j) A = {21, 22, 23, ...} k) A = {101, 102, 103, ...}

40 Dados os conjuntos A = {2, 3, 4, 5, 6}, completar com ∈ ou ∉ de modo que a sentença obtida seja verdadeira, nos casos:

a) 1 ___ A   b) 2 ___ A   c) 0 ___ A   d) 6 ___ A

e) 5 ___ A   f) 7 ___ A   g) 8 ___ A   h) 9 ___ A

41 Dados os conjuntos A = {3, 4, 5, 6} e B = {5, 6, 7, 8, 9}, completar com ∈ ou ∉ de modo que a sentença obtida seja verdadeira, nos casos:

a) 3 ___ A   b) 3 ___ B   c) 9 ___ A   d) 9 ___ B

e) 4 ___ B   f) 4 ___ A   g) 5 ___ B   h) 5 ___ A

i) 6 ___ A   j) 6 ___ B   k) 7 ___ A   l) 7 ___ B

m) 2 ___ A   n) 2 ___ B   o) 1 ___ A   p) 1 ___ B

42 Dados os conjuntos A = {a, b, c}, B = {b, c, d, e} e C = {d, e, f, g}, classificar com V ou F a sentença dada, nos casos:

a) a ∈ A   ( )   b) a ∈ B   ( )   c) a ∉ C   ( )

d) b ∉ A   ( )   e) b ∈ B   ( )   f) b ∈ C   ( )

g) d ∈ A   ( )   h) d ∉ B   ( )   i) d ∈ C   ( )

j) f ∈ B   ( )   k) e ∉ B   ( )   l) f ∈ C   ( )

m) a ∈ ∅   ( )   n) a ∉ ∅   ( )   o) d ∉ ∅   ( )

43 Dado um conjunto A e sabendo que x é elemento de A, determinar os possíveis valores de x, nos casos:

a) x ∈ A e A = {1, 3, 5}
   x = 1 ou x = 3 ou x = 5

b) x ∈ A e A = {5, 7}

c) x ∈ A e A = {5}

d) x ∈ A e A = {0, 1, 9}

e) x ∈ A e A = {2, 3, 5}

f) x ∈ A e A = {7, 11}

Um conjunto fica determinado quando for conhecida uma propriedade característica dos seus elementos, de modo que dado um elemento, seja possível dizer se este elemento pertence ou não a este conjunto. Quando for possível e conveniente, podemos também escrevê-lo na forma da enumeração dos elementos entre chaves.

Se os elementos de um conjunto A são caracterizados por uma propriedade P, indicamos este conjunto da seguinte forma.

A = {x tal que x satisfaz a propriedade P}.

Usamos alguns símbolos que permitem simplificar as expressões usadas entre chaves.

$\mathbb{N}$ = { 0, 1, 2, 3, ...} = conjunto dos números naturais.

(| = tal que), (< = menor do que), (> maior do que)

($\leq$ = menor ou igual a), ($\geq$ = menor do que), ($\wedge$ = e) e ($\vee$ = ou)

Exemplos:

1) $A = \{x \mid x \in \mathbb{N} \wedge x < 7\}$ ou $A = \{x \in \mathbb{N} \mid x < 7\}$

Note que 1 pertence a $\mathbb{N}$ e 1 é menor que 7. Então: $1 \in A$.

Note que 9 é natural mas não é menor que 7. Então: $9 \notin A$.

Por enumeração obtemos: $A = \{0, 1, 2, 3, 4, 5, 6\}$.

2) $B = \{x \in \mathbb{N} \mid x > 8\} =$

Por enumeração: B = {9, 10, 11,...}

3) $C = \{x \in \mathbb{N} \mid 2 < x < 7\}$

Por enumeração: $C = \{3, 4, 5, 6\}$

Resp: **34** a) A = {a, b, d, e, m, n} b) B = {0, 1, 2, 3, 4, 7} c) D = {1, 2, 3, 4, 5} **35** a) A = {a, c, o, n, r, s, x};

B = {a, c, o, b, d, m} b) A = {4, 6, 7, 8, 9, 11}; B = {1, 2, 3, 4, 5, 6, 8} **36** a) A = {a, m, r} b) B = {m, r}

c) D = {a} d) E = { } ou E = ∅ e) F = {5} f) G = { } = ∅ g) H = {2} h) J = ∅

37 a) F b) F c) F d) F e) V f) V g) F h) V i) F j) V k) F l) V

38 a) {3, 4, 5, 6} b) {7, 9} c) {5} **39** a) A∩B: b, d | a, c, e | f, h b) A⊂B: 0,1,2 | 3,4 | 5,6,7

c) A={0,1,2,3}, B={3,4,5,6} d) A={2,3,4,5}, B={6,7,8,9}

25

5 – Os conectivos e (∧) e ou (∨)

Através das frases seguintes, observe os significados de **e** e **ou**.

I) " Um professor escolheu, entre seus alunos, aqueles que falam inglês e espanhol".

Significa que os alunos escolhidos por ele têm que falar inglês e também falar espanhol. Não foram escolhidos os que falam apenas uma dessas línguas. Há a obrigatoriedade de falar ambas.

II) "Um professor escolheu entre seu alunos, aqueles que falam inglês **ou** espanhol".

Significa que os alunos escolhidos por ele têm que falar uma dessas línguas, podendo até falar ambas, mas sem a obrigatoriedade de falar ambas.

Exemplo: Determinar enumerando os elementos entre chaves os seguintes conjuntos dado por uma propriedade característica de seus elementos:

1) $A = \{x \in \mathbb{N} | x > 3 \text{ e } x < 10\} =$

O elemento deste conjunto tem que ser maior que 3 e menor que 10 ao mesmo tempo. Outro modo de escrever a propriedade característica é assim:

$A = \{x \in \mathbb{N} | 3 < x < 10\} = \{4, 5, 6, 7, 8, 9\}$

2) $B = \{x \in \mathbb{N} | (x \text{ é primo menor que } 10) \text{ ou } (x \text{ é múltiplo de } 13)\}$.

São elemento deste conjunto os números naturais primos menores que 10 e também todos os múltiplos naturais de 13.

$B = \{2, 3, 5, 7, 0, 13, 26, 39, 52, ...\}$

---

44 Determinar, enumerando os seus elementos entre chaves, os seguintes conjuntos:

a) $A = \{x | x \in \mathbb{N} \wedge x < 5\} \Rightarrow$

b) $B = \{x \in \mathbb{N} | x \geqslant 13\} \Rightarrow$

c) $C = \{x \in \mathbb{N} | 3 < x < 10\} \Rightarrow$

d) $D = \{x | x \in \mathbb{N} \wedge 2 \leqslant x \leqslant 8\} \Rightarrow$

e) $E = \{x | x \in \mathbb{N} \wedge x \geqslant 17\} \Rightarrow$

45 Determinar, por enumeração dos elementos, o conjunto, nos casos:

a) A = {x | x ∈ ℕ ∧ x é divisor de 8} ⇒

b) B = {x | 5 ≤ x < 20 ∧ x é divisor de 30} ⇒

c) C = {x | x > 13 ∧ x é múltiplo de 8} ⇒

d) D = {x ∈ ℕ | x ≤ 5 ∧ x é divisor 12} ⇒

e) E = {x ∈ ℕ | x é múltiplo de 10} ⇒

46 Determinar, enumerando os seus elementos entre chaves, os conjuntos:

a) A = {x ∈ ℕ | 50 ≤ x ≤ 135 ∧ x é múltiplo de 11}

b) B = {x | 10 ≤ x ≤ 80 ∧ x é múltiplo de 12}

c) C = {x | 3 < x < 25 ∧ (x é par) ∧ (x é múltiplo de 3) }

d) D = {x ∈ ℕ | 3 ≤ x ≤ 6 ∨ 9 < x < 13}

e) E = {x ∈ ℕ | x > 5 ∨ x > 10}

f) F = {x ∈ ℕ | x > 7 ∧ x < 13}

g) M = {x ∈ ℕ | x < 5 ∧ x > 7}

h) G = {x ∈ ℕ | x ≤ 6 ∨ x ≥ 13}

i) H = {x ∈ ℕ | x ≤ 6 ∨ x ≥ 4}

Resp: **40** a) ∉ b) ∈ c) ∉ d) ∈ e) ∈ f) ∉ g) ∉ h) ∉ **41** a) ∈ b) ∉ c) ∉
d) ∈ e) ∉ f) ∈ g) ∈ h) ∈ i) ∈ j) ∈ k) ∉ l) ∈ m) ∉ n) ∉ o) ∉
p) ∉ **42** a) V b) F c) V d) F e) V f) F g) F h) F i) V j) F
k) F l) V m) F n) V o) V **43** a) x = 1 ou x = 3 ou x = 5 b) x = 5 ou x = 7
c) x = 5 d) x = 0 ou x = 1 ou x = 9 e) x = 2 ou x = 3 ou x = 5 f) x = 7 ou x = 11

6 – Conjunto Universo (∪)

Quando estamos determinando alguns conjuntos, vamos considerar um conjunto ao qual pentencem todos os elementos desses conjuntos. Este conjunto é chamado conjunto universo e o indicaremos por ∪.

Exemplos:

1) Quando estamos determinando os conjuntos das letras de determinadas palavras, o conjunto universo é o conjunto das letras do alfabeto.

2) Quando estamos trabalhando com o **máximo divisor comum e mínimo múltiplo comum** de determinados números, o conjunto universo considerado é o conjunto $\mathbb{N}$ dos números naturais.

3) Quando estamos pesquisando em uma escola, os números de alunos que leem os jornais **A, B** ou **C**, o conjunto universo é o conjunto de todos os alunos da escola.

4) Quando pesquisamos a intensão de votos em três candidatos, em uma eleição municipal, o conjunto universo é o conjuntos dos eleitores desta cidade.

7 – Número de elementos de um conjunto

Com a notação n(A) vamos indicar o número de elementos do conjunto A. Elementos repetidos, contamos como apenas 1.

Exemplos:

1) $A = \{1, 5, 7, 12\} \Rightarrow n(A) = 4$ 2) $B = \{a, b, c, c, a\} \Rightarrow n(B) = 3$

3) $C = \{2, 2, 5, 5, 5\} \Rightarrow n(C) = 2$ 4) $D = \emptyset \Rightarrow n(D) = 0$

47 Dado o conjunto A, por uma propriedade, determinar **A** por enumeração dos elementos entre chaves, e também, n(A), nos casos:

a) $A = \{x \mid x \text{ é letra da palavra arara}\}$

b) $A = \{x \in \mathbb{N} \mid 7 < x < 9\}$

c) $A = \{x \in \mathbb{N} \mid x < 5 \land x > 7\}$

d) $A = \{x \in \mathbb{N} \mid x > 5 \land x \leqslant 13\}$

e) $A = \{x \mid x \text{ é algarismo do número 3743574}\}$

48 Dado o conjunto A, B, C e ∪, por diagramas, determinar por enumeração dos elementos os conjuntos pedidos e os números de elementos pedidos.

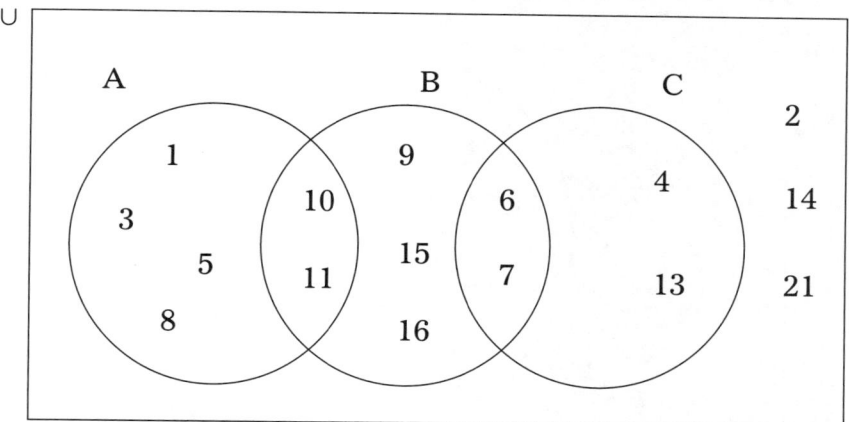

a) A =

b) B =

c) C =

d) n(A) =

e) n(B) =

f) n(C) =

g) D = {x | x ∈ A ∧ x ∈ B} ⇒

h) E = {x | x ∈ B ∧ x ∈ C} ⇒

i) F = {x | x ∈ A ∧ x ∈ C} ⇒

j) G = {x | x ∈ A ∨ x ∈ B} ⇒

k) H = {x | x ∈ A ∨ x ∈ C} ⇒

l) I = {x | x ∈ B ∨ x ∈ C} ⇒

m) J = {x | x ∈ A ∧ x ∉ B} ⇒

n) K = {x | x ∈ A ∧ x ∉ C} ⇒

o) L = {x | x ∈ B ∧ x ∉ A} ⇒

p) M = {x | x ∈ C ∧ x ∉ B} ⇒

q) N = {x ∈ ∪ | x ∉ A ∧ x ∉ C} ⇒

Resp: **44** a) A = {0, 1, 2, 3, 4}   b) B = { 13, 14, 15}   c) C = {4, 5, 6, 7, 8, 9}   d) D = { 2, 3, 4, 5, 6, 7, 8}
e) E = { 17, 18, 19, ...}   **45** a) A = {1, 2, 4, 8}   b) B = {5, 6, 10, 15}   c) C = {16, 24, 32,...}
d) D = {1, 2, 3, 4}   e) E = {0, 10, 20, 30}   **46** a) A = {55, 66, 77, 88, 99, 110, 121, 132}
b) B = { 12, 24, 36, 48, 60, 72}   c) C = {6, 12, 18, 24}   d) D = {3, 4, 5, 6, 10, 11, 12}
e) E = {6, 7, 8, 9, 10, 11, 12, ...}   f) F = {8, 9, 10, 11, 12}   g) M ={ } = ∅
h) G = { 0, 1, 2, 3, 4, 5, 6, 13, 14, 15, ...}   i) H = {0, 1, 2, 3, 4, 5, 6, 7, . . .} = ℕ

49 Dados os conjuntos A, B, C e ∪, por diagramas, determinar o que se pede, sendo que os conjuntos pedidos devem ser por enumeração.

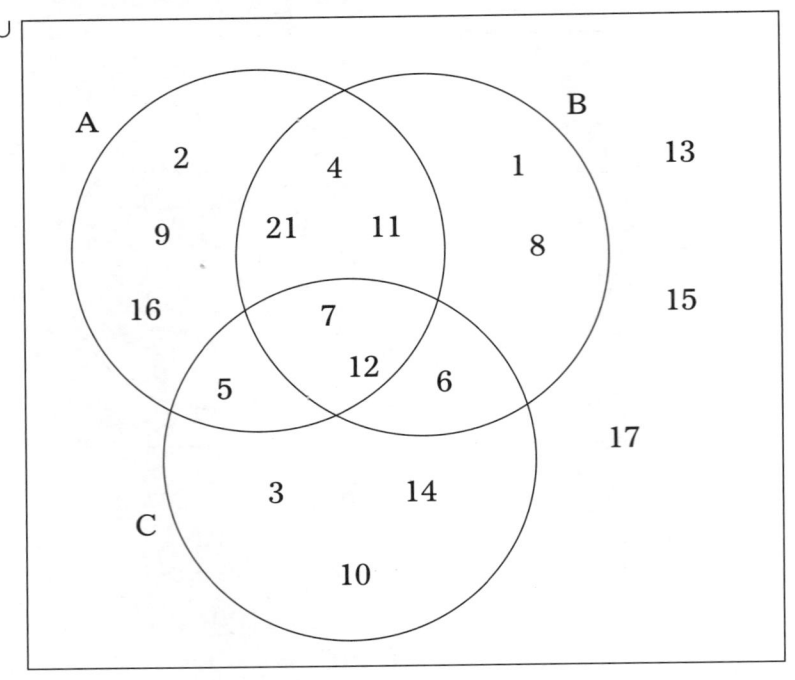

a) n(A) =   , n(B) =   , n(C) =   , n(∪) =

b) D = {x | x ∈ A ∧ x ∈ B} ⇒

c) E = {x | x ∈ A ∧ x ∈ C} ⇒

d) F = {x | x ∈ B ∧ x ∈ C} ⇒

e) G = {x | x ∈ A ∧ x ∈ B ∧ x ∈ C} ⇒

f) H = {x | x ∈ A ∨ x ∈ B} ⇒

g) G = {x | x ∈ A ∨ x ∈ C} ⇒

h) H = {x | x ∈ B ∧ x ∉ A} ⇒

i) J = {x | x ∉ A ∧ x ∈ C} ⇒

j) K = {x | x ∉ C ∧ x ∈ B} ⇒

k) L = { x ∈ ∪ | x ∉ A ∧ x ∉ B ∧ x ∉ C} ⇒

l) M = { x | x ∉ A ∧ (x ∈ B ∨ x ∈ C)} ⇒

8 – Subconjunto

Dizemos que um conjunto é **subconjunto** de outro se todo elemento que pertence a ele, pertence também ao outro.

Dizemos que A é subconjunto de B se, e somente se, todo elemento de A é também elemento de B. E dizemos que:

A está contido em B ou A é parte de B ou B contém A.

Símbolos:

$\subset$ = está contido, $\supset$ = contém, $\not\subset$ não está contido, $\not\supset$ = não contém.

Então escrevemos $A \subset B$ ou $B \supset A$, se todo elemento que pertence a A pertence também a B.

Exemplos:

1) $\{1,2\} \subset \{1,2,3\}, \{a,b\} \subset \{a,b\}, \{1,2,3\} \supset \{1,2\}, \{a,b\} \supset \{a,b\}$

2) $\{2\} \subset \{1,2,3\}$ e $\{1,2,3\} \supset \{2\}$,

Note que $2 \in \{1,2,3\}$ e $\{2\} \subset \{1,2,3\}$

3) $A = \{a,d\}$ e $B = \{a,b,c,d,e\} \Rightarrow A \subset B$ e $B \supset A$

4) $A = \{a,b,c\}$ e $B = \{a,b,c\} \Rightarrow A \subset B$, $A \supset B$, $B \subset A$ e $B \supset A$

5) Note que $= \{2,5\} \not\subset \{1,2,3\}$

Propriedade: $\emptyset \subset A$ e $A \supset \emptyset$, qualquer que seja o conjunto A.

Obs.: 1) Todo conjunto é um subconjunto dele mesmo.

$A \subset A$, qualquer que seja o conjunto A. Note que $\emptyset \subset \emptyset$

2) Na representação em forma de diagrama, ao lado, que já foi utilizada anteriormente, A e B são subconjuntos de $\cup$ e não elementos de $\cup$.

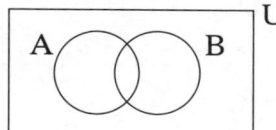

50 Completar cada item apenas com $\subset$ (está contido) ou $\supset$ (contém) de modo que cada sentença obtida seja verdadeira.

a) $\{a, b\}$ ____ $\{a, b, c, d\}$	b) $\{a, b, c, d\}$ ____ $\{b, c\}$	c) $\{a\}$ ____ $\{a, b, d, f\}$
d) $\{0, 1, 2, 3\}$ ____ $\{2, 3\}$	e) $\{1, 2, 3\}$ ____ $\{0, 1, 2, 3\}$	f) $\{a, b, c\}$ ____ $\{b\}$
g) $\emptyset$ ____ $\{1,2\}$	h) $\emptyset$ ____ $\{a, b, c\}$	i) $\{3\}$ ____ $\emptyset$
h) $\{\ \}$ ____ $\{a\}$	k) $\{1\}$ ____ $\{\ \}$	l) $\emptyset$ ____ $\emptyset$
m) $\{21, 23, 25\}$ ____ $\emptyset$	n) $\{m, n, r\}$ ____ $\{m, n, p, r\}$	o) $\{3, 5, 7\}$ ____ $\{3, 7, 5\}$

Resp: 47 a) $A = \{a, r\}, n(A) = 2$ b) $A = \{8\}, n(A) = 1$ c) $A = \{\ \} = \emptyset, n(A) = 0$ d) $A = \{6, 7, 8, 9, 10, 11, 12, 13\}\ n(A) = 8$
e) $A = \{3, 4, 5, 7\}, n(A) = 4$ **48** a) $\{1, 3, 5, 8, 10, 11\}$ b) $B = \{6, 7, 9, 10, 11, 15, 16\}$ c) $C = \{4, 6, 7, 13\}$
d) 6   e) 7   f) 4   g) $D = \{10, 11\}$ h) $E = \{6, 7\}$ i) $F = \{\ \} = \emptyset$ j) $G = \{1, 3, 5, 6, 7, 8, 9, 10, 11, 15, 16\}$
k) $H = \{1, 3, 4, 5, 6, 7, 8, 10, 11, 13\}$ l) $I = \{4, 6, 7, 9, 10, 11, 13, 15, 16\}$ m) $J = \{1, 3, 5, 8\}$
n) $K = \{1, 3, 5, 8, 10, 11\} = A$ o) $L = \{6, 7, 9, 15, 16\}$ p) $M = \{4, 13\}$ q) $N = \{2, 9, 14, 15, 16, 21\}$

51 Completar apenas com ⊂ (está contido) ou com ⊄ (não está contido), de modo que a sentença obtida seja verdadeira, nos casos:

a) {a, b} ⊄ {a, c, e, f}	b) {c, d} ⊂ {a, b, c, d}	c) {1} ⊄ {2, 3, 4}
d) {2} ⊂ {5, 4, 3, 2}	e) {3} ⊄ {2, 4, 6}	f) ∅ ⊂ { }
g) ∅ ⊂ {0}	h) {7} ⊄ {27, 17}	i) {10} ⊄ {0, 1, 100}

52 Completar cada item apenas com ⊃ (contém) ou ⊅ (não contém) de modo que a sentença obtida seja verdadeira.

a) {5, 3, 1} ⊃ {3, 1}	b) {3, 1} ⊅ {1, 2, 3}	c) {1, 2} ⊃ {1, 2, 2, 1}
d) {3, 4} ⊃ ∅	e) {5, 8} ⊃ { }	f) ∅ ⊅ {1, 2}
g) {a, b, c} ⊃ {b}	h) ∅ ⊅ {b}	i) ∅ ⊃ ∅

53 Classificar com V ou F, conforme a sentença seja verdadeira (V) ou falsa (F), a sentença, nos casos:

a) {5, 6} ⊂ {1, 2, 4, 5, 6} (V)	b) {a, b, c} ⊄ {c, b, a, x} (F)
c) {1, 3, 5, 7, 9} ⊅ {5, 7} (F)	d) {a, b, c, d} ⊃ { b, c} (V)
e) ∅ ⊂ {1, 7, 13, 19} (V)	f) ∅ ⊃ {1, 2} (F)
g) ∅ ⊄ {0} (F)	h) {1, 2, 3, 4, 5} ⊂ {1, 2} (F)
i) {1, 2, 3} ⊃ ∅ (V)	j) { } ⊃ ∅ (V)
k) {a, b, c} ⊂ {a, b, c} (V)	l) {a, b, c} ⊂ {a, b, c} (V)

54 Dados os conjuntos A = {a, b, c}, B = {b, c, d, e} e D = {a, b, c, d, e, f}, completar com ⊂ ou ⊄, de modo que a sentença obtida seja verdadeira.

a) A ⊄ B	b) A ⊂ D	c) D ⊄ A	d) B ⊂ D
e) B ⊄ A	f) ∅ ⊂ A	g) ∅ ⊂ B	h) B ⊄ ∅
i) A ⊄ ∅	j) {a} ⊄ B	k) {b} ⊂ A	l) {b, c} ⊂ A
m) {b, c} ⊂ B	n) B ⊄ {b, c}	o) D ⊂ D	p) A ⊂ A

55 Completar com ∈ (pertence) ou ⊂ (está contido), de modo que a sentença obtida seja verdadeira, nos casos:

a) {2, 3} ___ {0, 2, 3}	b) 3 ___ {1, 2, 3}	c) {3} ___ {1, 2, 3}
d) {5} ___ {2, 3, 5}	e) 5 ___ {2, 3, 5}	f) {2, 3} ___ {2, 3, 5}
g) ∅ ___ {2, 3}	h) a ___ {b, a}	i) ∅ ___ {a, b, c}
j) {b} ___ {a, b, c}	k) 7 ___ { 1, 7, 13}	l) {7} ___ {1, 4, 7}

56 Dado os conjuntos A = {0, 1, 2}, B = {0, 1}, D = {0, 1, 2, 3, 4}, completar com ∈ ou ⊂, de modo que a sentença obtida seja verdadeira, nos casos:

a) 2 ___ A	b) 0 ___ D	c) {2} ___ A	d) {0} ___ B
e) 2 ___ D	f) {2, 3} ___ D	g) 0 ___ A	h) ∅ ___ A
i) 0 ___ B	j) ∅ ___ B	k) {1} ___ A	l) 1 ___ A
m) 3 ___ D	n) {3} ___ D	o) {4} ___ D	p) 4 ___ D

57 Dado o conjunto A = {1, 2, 3} determinar:

Obs.: Quando falarmos em conjuntos com 2 elementos, 3 elementos, etc, estamos nos referindo a números de elementos de conjuntos escritos na forma simplificada, isto é, não há em cada conjunto, elementos repetidos.

a) O subconjunto de A que não tem elementos:

b) O subconjunto de A com maior número de elementos:

c) Os subconjuntos de A que têm apenas 1 elemento:

d) Os subconjuntos de A que têm apenas 2 elementos:

58 Determinar todos os subconjuntos de 3 elementos do conjunto A = {0, 1, 2, 3, 4}. Quantos são eles?

Resp: **49** a) 9, 8, 7, 18   b) D = {4, 7, 11, 12, 21}   c) E = {5, 7, 12}   d) F {6, 7, 12}   e) G = {7, 12}
f) H = {1, 2, 4, 5, 6, 7, 8, 9, 11, 12, 16, 21}   g) G = { 2, 3, 4, 5, 6, 7, 9, 10, 11, 12, 14, 16, 21}   h) H = {1, 6, 8}
i) J = {3, 6, 10, 14}   j) K = {1, 4, 8, 11, 21}   k) L = {13, 15, 17}   l) M = {1, 3, 6, 8, 10, 14}   **50** a) ⊂   b) ⊃
c) ⊂   d) ⊃   e) ⊂   f) ⊃   g) ⊂   h) ⊂   i) ⊃   j) ⊂   k) ⊃   l) ⊂ ou ⊃   m) ⊃   n) ⊂   o) ⊂ ou ⊃

9 – Igualdade de conjuntos

Dizemos que um conjunto A é igual a um conjunto B se, e somente se, são ambos vazios ou todo elemento de A é também elemento de B (A ⊂ B), e todo elemento de B é também elemento de A (B ⊂ A). Então:

$$A = B \Leftrightarrow A \subset B \wedge B \subset A$$

Exemplos: {1, 2} = {1, 2}, {a, b} = {b, a}, {1, 1, 2, 3, 3} = {1, 2, 3}

Conjunto das partes de um conjunto

Dado o conjunto A, o conjunto dos subconjuntos de A é chamado conjunto das partes de A e indicamo-lo por P(A).

Note que os elementos de P(A) são conjuntos. Então:

$$P(A) = \{X \mid X \subset A\}$$

Exemplos:

1) A = {a, b}. Como ∅, {a}, {b} e {a, b} são todos os subconjuntos de A, temos:

   P(A) = {∅, {a}, {b}, {a, b}}

2) A = {5} ⇒ P(A) = {∅, {5}}

59 Dado A, determinar P(A), lê-se pê de A, nos casos:

a) A = {5, 6}

b) A = { a, b, c}

c) A = {0, 1, 2, 3}

d) A = {7, 8}

e) A = {a}

f) A = {13}

g) A = {215}

h) A = ∅

60 Dados os conjuntos ∪, A, B e D, através de diagramas, completar cada item com ⊂ (está contido) ou ⊃ (contém), de modo que a sentença obtida seja verdadeira

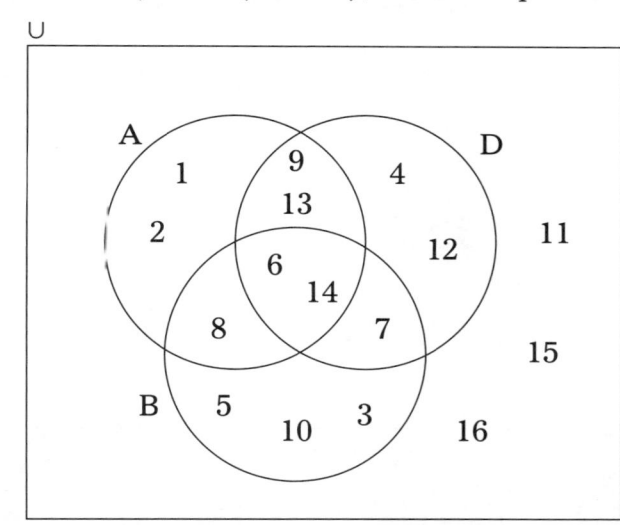

a) {1, 9, 13} _____ A

b) {4, 9, 13} _____ D

c) B _____ {6, 7, 8, 14}

d) ∪ _____ B

e) D _____ ∪

f) {6,14} _____ A	g) {6,14} _____ B	h) {6,14} _____ D
i) {6, 9, 13, 14} _____ A	j) {6, 9, 13, 14} _____ D	k) B _____ {6, 8, 14}
l) A _____ {6, 8, 14}	m) B _____ {6, 7, 14}	n) D _____ {6, 7, 14}

61 Considerando os conjunto ∪, A, B e D do exercício anterior, determine o número de elementos do conjunto de cada item.

a) $E = \{x \mid x \in A \land x \in B\} \Rightarrow$

b) $F = \{x \mid x \in A \land x \in D\} \Rightarrow$

c) $G = \{x \mid x \in A \lor x \in B\} \Rightarrow$

d) $H = \{x \mid x \in A \lor x \in D\} \Rightarrow$

e) $I = \{x \mid x \in B \land x \notin A\} \Rightarrow$

f) $J = \{x \in \cup \mid x \notin A \land x \notin B\} \Rightarrow$

g) $K = \{x \in \cup \mid x \notin A \lor x \notin B\} \Rightarrow$

h) $L = \{x \in \cup \mid x \notin B \lor x \notin D\} \Rightarrow$

Resp: **51** a) ⊄ b) ⊂ c) ⊄ d) ⊂ e) ⊄ f) ⊂ g) ⊂ h) ⊄ i) ⊄ **52** a) ⊃ b) ⊅
c) ⊃ d) ⊃ e) ⊃ f) ⊅ g) ⊃ h) ⊅ i) ⊃ **53** a) V b) F c) F
d) V e) V f) F g) F h) F i) V j) V k) V l) V **54** a) ⊄ b) ⊂
c) ⊄ d) ⊂ e) ⊄ f) ⊂ g) ⊂ h) ⊄ i) ⊄ j) ⊄ k) ⊂ l) ⊂ m) ⊂
n) ⊄ o) ⊂ p) ⊂ **55** a) ⊂ b) ∈ c) ⊂ d) ⊂ e) ∈ f) ⊂ g) ⊂
h) ∈ i) ⊂ j) ⊂ k) ∈ l) ⊂ **56** a) ∈ b) ∈ c) ⊂ d) ⊂ e) ∈ f) ⊂
g) ∈ h) ⊂ i) ∈ j) ⊂ k) ⊂ l) ∈ m) ∈ n) ⊂ o) ⊂ p) ∈
57 a) { } ou ∅   b) {1, 2, 3} = A   c) {1}, {2}, {3}   d) {1,2}, {1,3} e {2,3}
58 a) {0, 1, 2}, {0, 1, 3}, {0, 1, 4}, {0, 2, 3}, {0, 2, 4}, {0, 3, 4}, {1, 2, 3}, {1, 2, 4}, {1, 3, 4}, {2, 3, 4}. 10 conjuntos

62 Dados os conjuntos A = {1, 2, 3}, B = {2, 3, 4, 5}, D = {0, 1, 2, 3, 4, 5, 6}, determinar por enumeração dos elementos, os seguintes conjuntos:

a) E = {x | x ∈ A ∧ x ∈ B} ⇒

b) F = {x | x ∈ B ∧ x ∈ D} ⇒

c) G = {x | x ∈ A ∧ x ∉ B} ⇒

d) H = {x | x ∈ A ∧ x ∈ D} ⇒

e) I = {x | x ∉ B ∧ x ∈ D} ⇒

f) J = {x | x ∈ A ∨ x ∈ B} ⇒

g) K = {x | x ∈ A ∨ x ∈ D} ⇒

h) L = {x | x ∈ D ∧ x ∉ A} ⇒

i) M = {x | x ∈ A ∧ x ∉ D} ⇒

j) P = {x ∈ D | x ∉ A ∧ x ∉ B} ⇒

k) S = {x ∈ D | x ∉ A ∨ x ∉ B} ⇒

63 Dados A = {a, b, c}, B = {b, c, d} e ∪ = {a, b, c, d, e, f}, determinar por enumeração, os seguintes conjuntos:

a) D = {x | x ∈ A ∧ x ∈ B} ⇒

b) E = {x | x ∈ A ∨ x ∈ B} ⇒

c) F = {x | x ∈ A ∧ x ∉ B} ⇒

d) G = {x | x ∈ B ∧ x ∉ A} ⇒

e) H = {x ∈ ∪ | x ∉ A} ⇒

f) J = {x ∈ ∪ | x ∉ B} ⇒

g) k = {x ∈ ∪ | x ∉ A ∨ x ∉ B} ⇒

10 – Operações com conjuntos

Interseção: Dados dois conjuntos A e B, chama-se interseção de A e B ao conjunto dos elementos que pertencem a ambos, isto é, elementos que pertencem a A e também a B.
Notação: A ∩ B. Lê-se A inter B.

$$A \cap B = \{x \mid x \in A \land x \in B\}$$

Exemplo:

1) {1, 2, 3} ∩ {2, 3, 4} = {2, 3}
2) {a, b, c, d} ∩ {d, e, f} = {d}
3) {a, b, c} ∩ {d, e} = { } = ∅
4) {1, 2, 3, 4} ∩ {1, 2, 3, 4} = {1, 2, 3, 4}

Propriedades: 1) A ∩ A = A   2) A ∩ ∅ = ∅   3) A ∩ B = B ∩ A (comutativa)
4) (A ∩ B) ∩ C = A ∩ (B ∩ C) (associativa)   5) A ⊂ B ⇒ A ∩ B = A

Conjuntos disjuntos:

Dois conjuntos A e B são chamados conjuntos disjuntos se, e somente se, A ∩ B = ∅.

---

64 Determinar a interseção dos conjuntos, nos casos:

a) {0, 1, 2, 3} ∩ {1, 2, 3, 4} =

b) {a, b, c, d} ∩ {b, c, d, e} =

c) {1, 2, 3, 4, 5} ∩ {2, 3, 4, 5} =

d) {a, b} ∩ {c, d} =

e) {1, 2, 3} ∩ ∅ = ∅

f) {3, 4, 5} ∩ {2, 4, 6} =

g) {1, 2, 3} ∩ {3, 2, 1} =

h) {7, 8} ∩ {6, 7, 8, 9} =

i) {1, 2, 3, 4, 5} ∩ {2, 3, 4, 5, 6} ∩ {3, 4, 5, 6, 7, 8} =

---

65 De acordo com os conjuntos dados, determinar o que se pede.

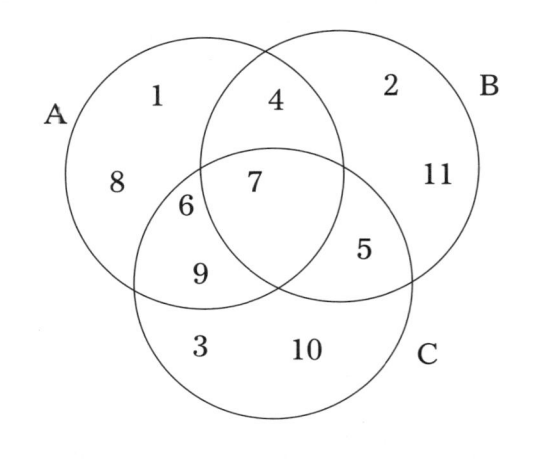

a) A ∩ B =

b) A ∩ C =

c) B ∩ C =

d) A ∩ B ∩ C =

e) A ∩ A =

Resp: 59 a) P(A) = {∅, {5}, {6}, {5, 6}}   b) P(A) = {∅, {a}, {b}, {c}, {a, b}, {a,c}, {b, c}, {a, b, c}}
c) P(A) = {∅, {0}, {1}, {2}, {3}, {0,1}, {0, 2}, {0, 3}, {1, 2}, {1, 3}, {2, 3}, {0, 1, 2}, {0, 1, 3}, {0, 2, 3}, {1, 2, 3}, {0, 1, 2, 3}
d) P(A) = {∅, {7}, {8}, {7, 8}}   e) P(A) = {∅, {a}}   f) P(A) = {∅, {13}}   g) P(A) = {∅, {215}}
h) P(A) = {∅}   **60** a) ⊂   b) ⊂   c) ⊃   d) ⊃   e) ⊂   f) ⊂   g) ⊂   h) ⊂   i) ⊂
j) ⊂   k) ⊃   l) ⊃   m) ⊃   n) ⊃   **61** a) n (E) = 3   b) n (F) = 4
c) n (G) = 11   d) n (H) = 10   e) n (I) = 4   f) n (J) = 5   g) n (K) = 13   h) n (L) = 13

Operações com conjuntos

União: Dados dois conjuntos A e B, chama-se união de A e B ao conjunto dos elementos que pertencem a A ou pertencem a B, isto é, elementos que pertencem apenas a A ou apenas a B ou a ambos.

Notação: A ∪ B. Lê-se A u B

$$A \cup B = \{x \mid x \in A \lor x \in B\}$$

Exemplo:

1) {1, 2, 3} ∪ {2, 3, 4, 5} = {1, 2, 3, 4, 5}.
2) {1, 2, 3} ∪ {6, 7} = {1, 2, 3, 6, 7}.
3) {a, b, c} ∪ {a, b, c, d} = {a, b, c, d}, {a, b} ∪ ∅ = {a, b}.

Propriedades: 1) A ∪ B = A   2) A ∪ ∅ = A   3) A ∪ B = B ∪ A (comutativa)

4) (A ∪ B) ∪ C = A ∪ (B ∪ C) (associativa)   5) A ⊂ B ⟺ A ∪ B = B

6) x ∈ A ∪ B ⇒ (x ∈ A ∧ x ∉ B) ou (x ∉ A ∧ x ∈ B) ou (x ∈ A ∧ x ∈ B)

66 Determinar a união dos conjuntos, nos casos:

a) {2, 3, 4} ∪ {4, 5, 6} =

b) {a, b, c} ∪ {d, e, f} =

c) {5, 6, 7} ∪ {4, 5, 6, 7, 8} =

d) {2, 3, 4, 5} ∪ ∅ =

e) {a, b, c} ∪ {c, b, a} =

f) {a, b} ∪ {b, c} ∪ {c, d} =

67 De acordo com os conjuntos dados, determinar o que se pode.

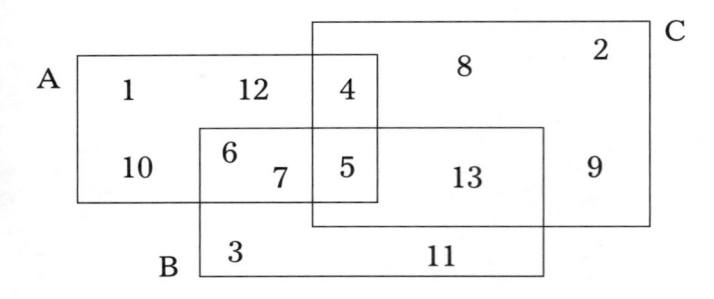

A: 1, 12, 4, 10, 6, 7, 5
B: 6, 7, 5, 3, 13, 11
C: 4, 8, 2, 5, 13, 9

a) A ∪ C =

b) A ∪ B =

c) B ∪ C =

d) A ∪ A =

e) B ∪ ∅ =

f) A ∪ B ∪ C =

68 Determinar o que se pede, nos casos:

a) {1, 2, 3, 4} ∩ {3, 4, 5} =

b) {1, 2, 3, 4} ∪ {3, 4, 5} =

c) {1,2} ∪ {3, 4} =

d) {1, 2} ∩ {3, 4} =

e) {a, b, c} ∩ ∅ =

f) {a, b, c} ∪ ∅ =

g) {b, c} ∪ {a, b, c, d} =

h) {b, c} ∩ {a, b, c, d} =

i) {a, b, c} ∪ {a, b, c} =

j) {a, b, c} ∩ {a, b, c} =

69 De acordo com os conjuntos dados, determinar o que se pede

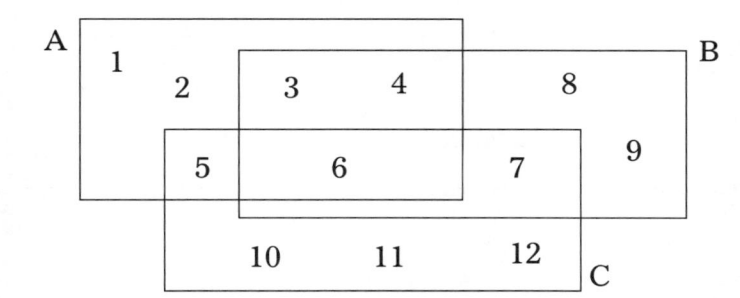

```
A                                    B
   1
      2    3    4    8
                        9
         5    6    7
           10   11   12
                         C
```

a) A ∩ B =

b) A ∩ C =

c) A ∪ B =

d) A ∪ C =

e) B ∩ C =

f) B ∪ C =

g) A ∩ B ∩ C =

h) A ∪ B ∪ C =

70 Dados A = {a, b, c}, B = {b, c, d}, D = {c, d, e}, determinar:

a) A ∩ B =

b) A ∩ D =

c) B ∩ D =

d) A ∪ B =

e) A ∪ D =

f) B ∪ D =

g) A ∩ B ∩ D =

h) A ∪ B ∪ D =

i) A ∪ A =

j) A ∩ A =

Resp: **62** a) {2, 3}   b) {2, 3, 4, 5} = B   c){1}   d) {1, 2, 3} = A   e) {0, 1, 6}   f) {1, 2, 3, 4, 5}   g) {0, 1, 2, 3, 4, 5, 6} = D
h) {0, 4, 5, 6}   i) { } = ∅   j) {0, 6}   k) {0, 1, 4, 5, 6}   **63** a) {b, c}   b) {a, b, c, d}
c){a}   d) {d}   e) {d, e, f}   f) {a, e, f}   g) {a, d, e, f}   **64** a) {1, 2, 3}
b) {b, c, d}   c) {2, 3, 4, 5}   d)∅   e)∅   f) {4}   g) {1, 2, 3}   h) {7, 8}   i) {3, 4, 5}
65 a) {4, 7}   b) {6, 7, 9}   c) {5, 7}   d) {7}   e) {1, 4, 6,7, 8, 9} = A

Operações com conjuntos

Diferença: Dados dois conjuntos A e B, chama-se diferença A – B entre eles, o conjuntos dos elementos que então em A e não estão em B. A – B lê - se A menos B.

$$A-B=\{x \mid x \in A \wedge x \notin B\} \text{ e } B-A=\{x \mid x \in B \wedge x \notin A\}$$

Exemplos:
1) {1, 2, 3, 4} – {3, 4, 5, 6} = {1, 2}

2) {a, b, c} – {e, f} = {a, b, c}

3) {a, b, c} – {a, b, c, d} = ∅

4) {2, 3} – {2, 3} = ∅,   {2, 3} – ∅ = {2, 3}

Propriedades: 1) A – ∅ = A   2) A – A = ∅   3) A ⊂ B ⟺ A – B = ∅

---

71 Determinar as seguintes diferenças:

a) {1, 2, 3} – {5, 6} =

b) {1, 2, 3} – {3, 4, 5, 6} =

c) {1, 2, 3} – {2, 3, 4, 5} =

d) {1, 2, 3} – {1, 2, 3, 4} =

e) {a, b, c} – ∅ =

f) {a, b, c} – {a, b, c} =

72 De acordo com os conjuntos dados, determinar o que se pede

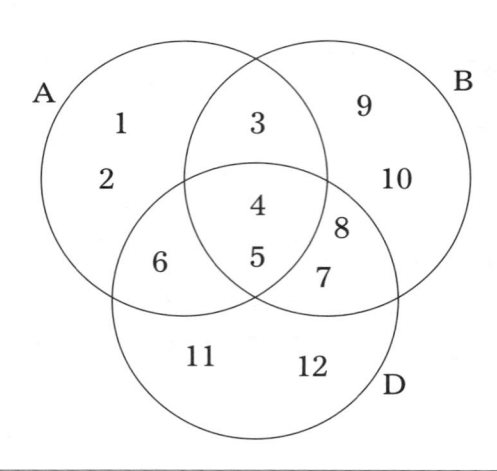

a) A – B =

b) B – A =

c) A – D =

d) D – A =

e) D – B =

73 Dados os conjuntos A = {a, b}, B = {b, c, d, e} e D = {d, e, f}, determinar:

a) A – B =

b) B – A =

c) A – D =

d) D – A =

e) B – D =

f) D – B =

g) A – A =

h) B – ∅ =

74 Determinar o que se pede, nos casos:

a) {a, b, c} – {c, d} =

b) {a, b, c} ∪ {c, d} =

c) {a, b, c} ∩ {c, d} =

d) {c, d} – {a, b, c} =

e) {c, d} ∪ {a, b, c} =

f) {c, d} ∩ {a, b, c} =

g) {1, 2, 3, 4} ∩ {3, 4} =

h) {3, 4} ∩ {1, 2, 3, 4} =

i) {1, 2, 3, 4} – {3, 4} =

j) {3, 4} – {1, 2, 3, 4} =

k) {a, b, c} ∪ ∅ =

l) {a, b, c} – ∅ =

m) {a, b, c} ∩ ∅ =

n) ∅ – {a, b, c} =

75 De acordo com os conjuntos dados, determinar o que se pede:

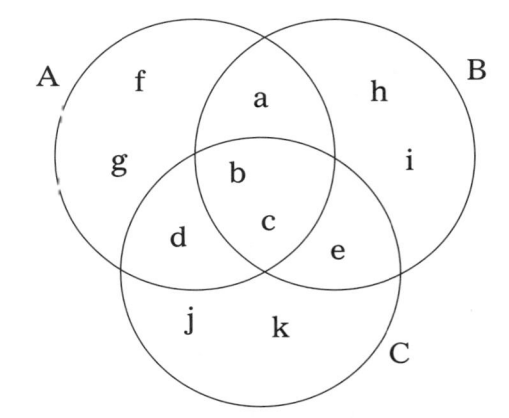

a) A – B =

b) B – A =

c) A ∪ B =

d) A ∩ B =

e) A ∩ C =

f) A – C =

g) C – A =

h) B – C =

i) C – B =

76 Dados os conjuntos A = {0, 1, 2}, B = {1, 3, 5}, C = {2, 4, 6, 8}, determinar:

a) A – B =

b) B – A =

c) A ∩ B =

d) B ∩ A =

e) A – C =

f) C – A =

g) B ∩ C =

h) A ∪ B ∪ C =

Resp: **66** a) {2, 3, 4, 5, 6} b) {a, b, c, d, e, f} c) {4, 5, 6, 7, 8} d) {2, 3, 4, 5} e) {a, b, c} f) {a, b, c, d}
67 a) {1, 2, 4, 5, 6, 7, 8, 9, 10, 12, 13} b) {1, 3, 4, 5, 6, 7, 10, 11, 12, 13} c) {2, 3, 4, 5, 6, 7, 8, 9, 11, 13}
d) {1, 4, 5, 6, 7, 10, 12} e) {3, 5, 6, 7, 11, 13} = B f) {1, 2, 3, 4, 5, 6, 7, 8, 9, 10, 11, 12, 13}
68 a) {3, 4} b) {1, 2, 3, 4, 5} c) {1, 2, 3, 4} d) ∅ e) ∅ f) {a, b, c} g) {a, b, c, d} h) {b, c}
i) {a, b, c} j) {a, b, c} **69** a) {3, 4, 6} b) {5, 6} c) {1, 2, 3, 4, 5, 6, 7, 8, 9} d) {1, 2, 3, 4, 5, 6, 7, 10, 11, 12}
e) {6, 7} f) {3, 4, 5, 6, 7, 8, 9, 10, 11, 12} g) {6} h) {1, 2, ..., 12} **70** a) {b, c} b) {c} c) {c, d} d) {a, b, c, d}
e) {a, b, c, d, e} f) {b, c, d, e} g) {c} h) {a, b, c, d, e} i) {a, b, c} = A j) {a, b, c} = A

Operações com conjuntos

Complementar: Dados os conjuntos A e B, com B contido em A ($B \subset A$), o conjunto A – B, ou seja, a diferença A – B chama-se complementar de B em A ou complemento de B em relação a A. Notação: C_A^B

$$B \subset A \Rightarrow C_A^B = A - B \text{ ou } C_A^B = \{x \mid x \in A \wedge x \notin B\}$$

Exemplos:

1) $A = \{1, 2, 3, 4\}, B = \{2, 3\} \Rightarrow C_A^B = A - B = \{1, 2\}$

2) $A = \{1, 2, 3\} \Rightarrow C_A^\emptyset = A - \emptyset = A = \{1, 2, 3\}$

3) $A = \{a, b, c\}, B = \{a, b, c\} \Rightarrow C_A^B = A - B = \emptyset \Rightarrow C_A^A = \emptyset$

No caso do complemento em relação ao conjunto universo ∪.

Suprimimos o ∪ da notação e indicamos o complementar de B em ∪ por:

$$C_\cup^B = CB = \overline{B} = B'$$

Exemplo: $\cup = \{0, 1, 2, 3, 4\}, B = \{1, 2\} \Rightarrow \overline{B} = \{0, 3, 4\}$

Obs.: Se $B \not\subset A$, não se define C_A^B

Propriedades: 1) $C_A^A = \emptyset$ 2) $C_A^\emptyset = A$

Obs.: Outras propriedades das operações serão apresentadas posteriormente.

---

77 Dados os conjuntos $A = \{1, 2\}, B = \{2, 3, 4\}, D = \{1, 2, 3, 4, 5, 6\}$ e $E = \{2, 3, 4, 5\}$ determinar:

a) $C_D^A =$

b) $C_B^A =$

c) $C_D^B =$

d) $C_D^E =$

e) $C_E^A =$

f) $C_E^B =$

g) $C_A^A =$

h) $C_A^\emptyset =$

i) $C_B^E =$

j) $C_B^\emptyset =$

k) $C_E^E =$

l) $C_D^{(A \cup B)} =$

m) $C_D^{(B \cup E)} =$

n) $C_D^{(B \cap E)} =$

78 Dados os conjuntos A = {2, 4}, B = {1, 3, 5}, D = {0, 1, 2, 3, 4, 5}, todos subconjuntos de U = {0, 1, 2, 3, 4, 5, 6, 7}, determinar:

Obs.: Se $A \subset U$, $\overline{A}$ é o complentar de A em U. $C_U A = U - A$

a) $\overline{A} =$

b) $\overline{B} =$

c) $\overline{D} =$

d) $\overline{U} =$

e) $\overline{A \cup B} =$

f) $\overline{B \cap D} =$

79 De acordo com o diagrama dado, determinar o que se pede:

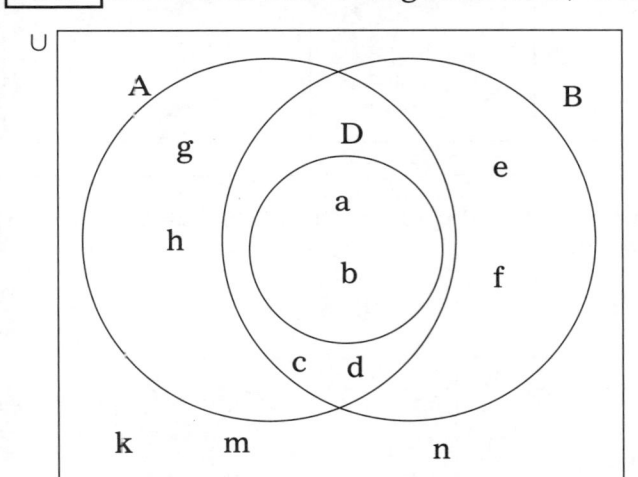

a) $C_A^D =$

b) $C_B^D =$

c) $\overline{A} =$

d) $\overline{B} =$

e) $\overline{D} =$

f) $\overline{U} =$

g) $C_A^{(A \cap B)} =$

h) $C_B^{(A \cap B)} =$

i) $C_A^{(A \cap D)} =$

j) $C_B^{(B \cap D)} =$

k) $C_A^{(A-B)} =$

l) $C_B^{(B-A)} =$

m) $C_A^{(A-D)} =$

n) $C_B^{(B-D)} =$

o) $\overline{A \cup B} =$

p) $\overline{A \cap B} =$

q) $\overline{A - B} =$

r) $\overline{B - A} =$

s) $\overline{A - D} =$

t) $\overline{A} \cap \overline{B} =$

u) $\overline{A} \cup \overline{B} =$

Resp: **71** a) {1, 2, 3} b) {1, 2} c) {1} d) ∅ e) {a, b, c} f) ∅ **72** a) {1, 2, 6} b) {7, 8, 9, 10}
c) {1, 2, 3} d) {7, 8, 11, 12} e) {6, 11, 12} **73** a) {a} b) {c, d, e} c) {a, b} = A
d) {d, e, f} = D e) {b, c} f) {f} g) ∅ h) {b, c, d, e} = B **74** a) {a, b} b) {a, b, c, d}
c) {c} d) {d} e) {a, b, c, d} f) {c} g) {3, 4} h) {3, 4} i) {1, 2} j) ∅ k) {a, b, c}
l) {a, b, c} m) ∅ n) ∅ **75** a) {d, f, g} b) {e, h, i} c) {a, b, c, d, e, f, g, h, i}
d) {a, b, c} e) {b, c, d} f) {a, f, g} g) {e, j, k} h) {a, h, i} i) {d, j, k} **76** a) {0, 2}
b) {3, 5} c) {1} d) {1} e) {0, 1} f) {4, 6, 8} g) ∅ h) {0, 1, 2, 3, 4, 5, 6, 8}

11 – Regiões sombreadas

Uma região sombreada (ou hachurada) em um diagrama representa o conjunto dos elementos que são daquela região. Usamos esses sombreamentos para indicar nos diagramas os resultados das operações com conjuntos.

Exemplos:

1) $A \cap B$
2) $A \cup B$
3) $A - B$
4) $B - A$
5) $C_A^B =$

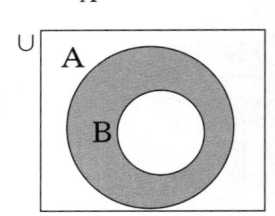

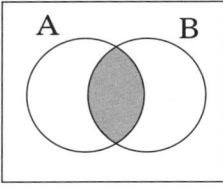

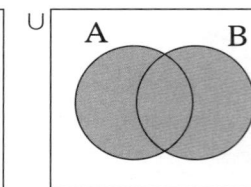

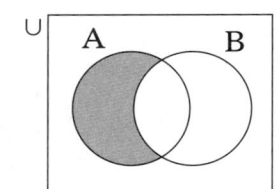

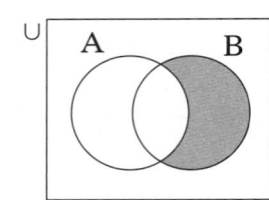

80 Sombrear (assinalar, indicar ou hachurar) nos diagramas, o que se pede, nos casos: (obs.: A região do retângulo representa o conjunto universo $\cup$).

a) A 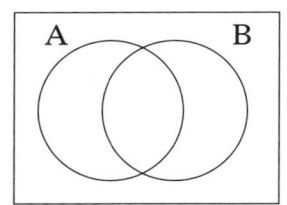
b) B 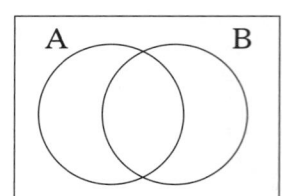
c) $A \cup B$ 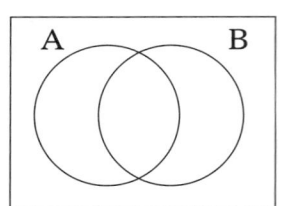
d) $A \cap B$

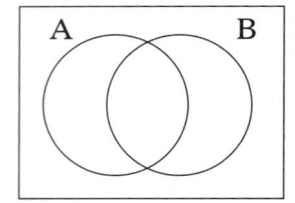

e) $A - B$ 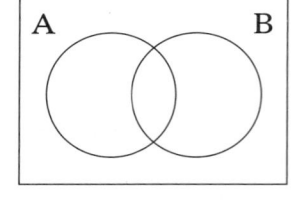
f) $B - A$ 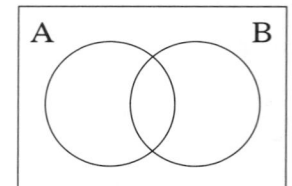
g) $\overline{A}$ 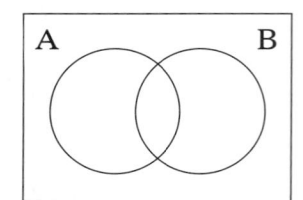
h) $\overline{B}$

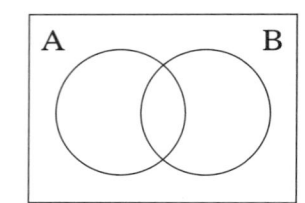

i) $\overline{A \cup B}$ 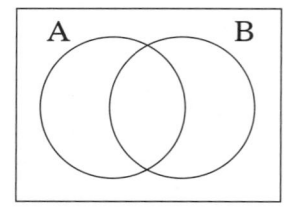
j) $\overline{A \cap B}$ 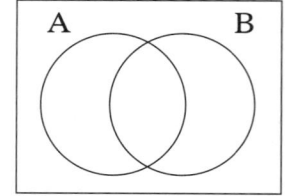
k) $\overline{A - B}$ 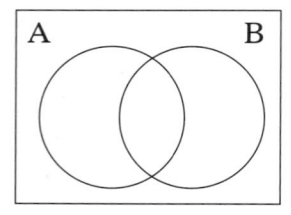
l) $\overline{B - A}$

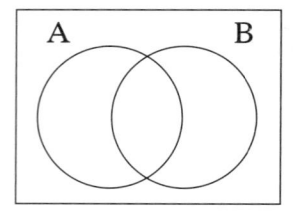

m) $A \cup B$ 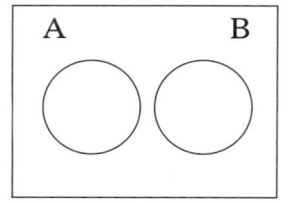
n) $A \cap B$ 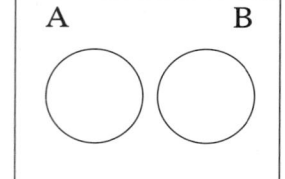
o) $A - B$ 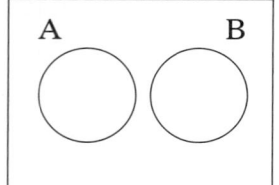
p) $B - A$

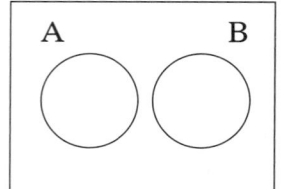

44

81 Sombrear nos diagramas, o que se pede, nos casos:
Obs.: A região do retângulo representa o conjunto universo ∪.

a) A ∩ B ∩ C

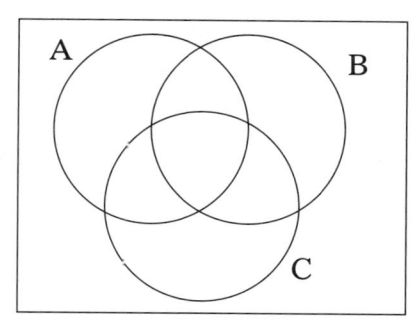

b) A ∪ B ∪ C

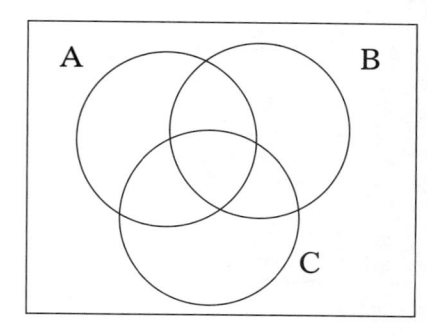

c) A − (B ∩ C)

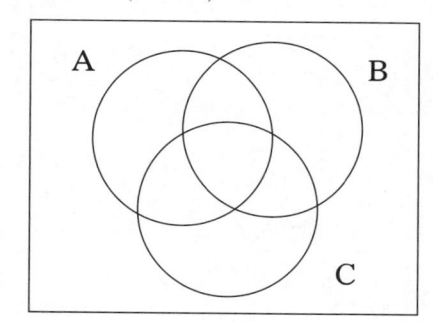

d) A − (B ∪ C)

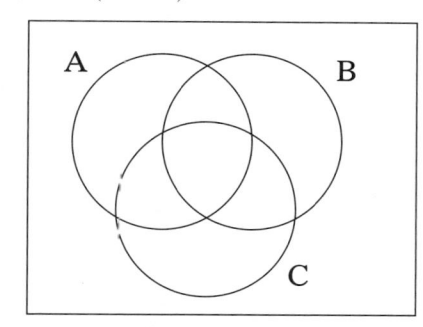

e) (B ∩ C) − A

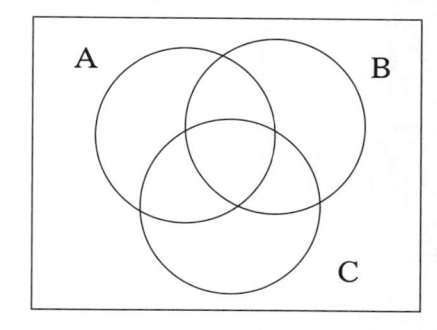

f) (B ∪ C) − A

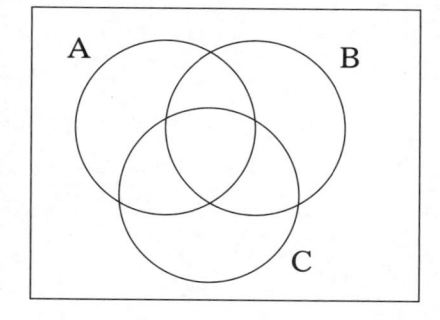

g) (B − A) ∪ (C − A)

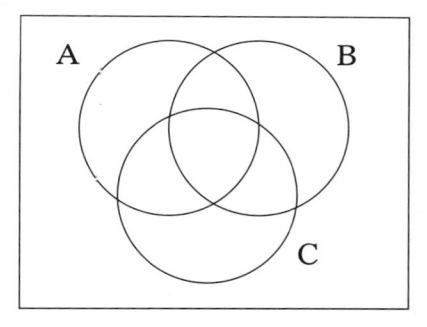

h) (B − A) ∩ (C − A)

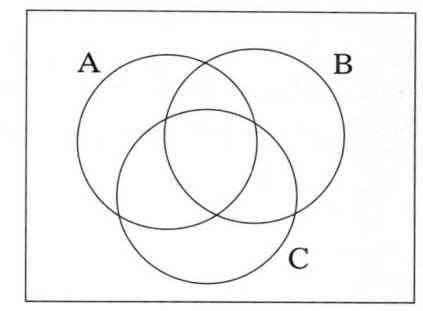

i) (A − B) ∪ (A − C)

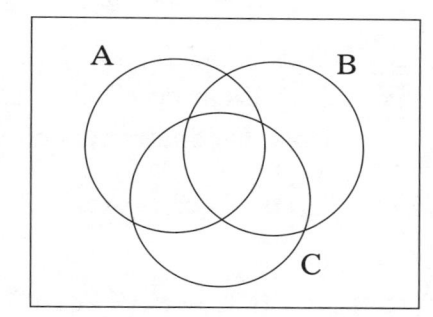

j) (A − B) ∩ (A − C)

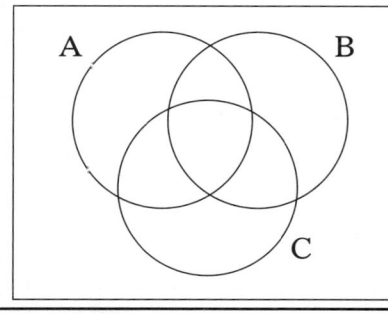

k) $\overline{A \cup B \cup C}$

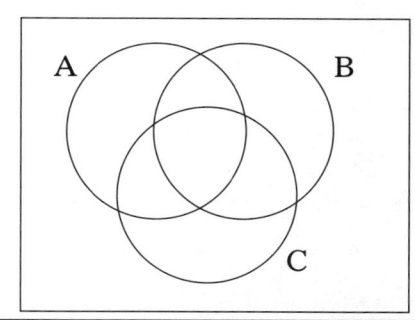

l) $\overline{(A \cup B) - C}$

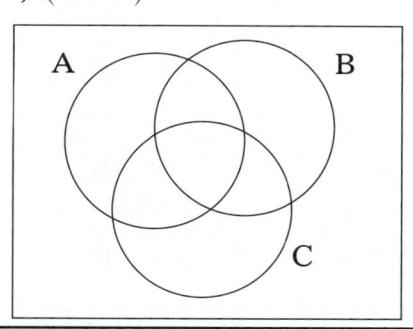

Resp: **77** a) {3, 4, 5, 6}   b) (não se define, pois A ⊄ B)   c) {1, 5, 6}   d) {1, 6}   e) (não se define, pois A ⊄ E)
f) {5}   g) ∅   h) {1, 2} = A   i) (não se define, pois E ⊄ B)   j) {2, 3, 4} = B   k) ∅   l) {5, 6}
m) {1, 6}   n) {1, 5, 6}   **78** a) {0, 1, 3, 5, 6, 7}   b) {0, 2, 4, 6, 7}   c) {6, 7}   d) ∅
e) {0, 6, 7}   f) {0, 2, 4, 6, 7}   **79** a) {c, d, g, h}   b) {c, d, e f}   c) {e, f, k, m, n}   d) {g, h, k, m, n}
e){c, d, e, f, g, h, k, m, n}   f) ∅   g) {g, h}   h) {e, f}   i) {c, d, g, h}   j) {c, d, e, f}   k) {a, b, c, d}
l) {a, b, c, d}   m) {a, b} = D   n) {a, b} = D   o) {k, m, n)   p) {e, f, g, h, k, m, n}   q) {a, b, c, d, e, f, k, m, n}
r) {a, b, c, d, g, h, k, m, n}   s) {a, b, e, f,k, m, n}   t) {k, m, n}   u) {e, f, g, h, k, m, n}

45

82 Sombrear o que se pede, nos casos:

a) $(A-B) \cup (B-A)$

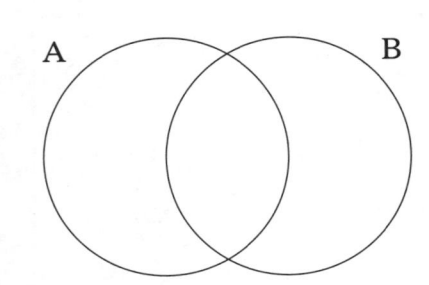

b) $(A \cup B) - (A \cap B)$

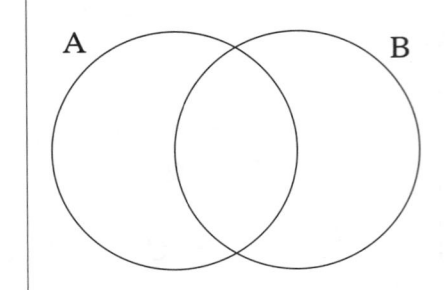

c) $C_D[(A-B) \cup (B-A)]$

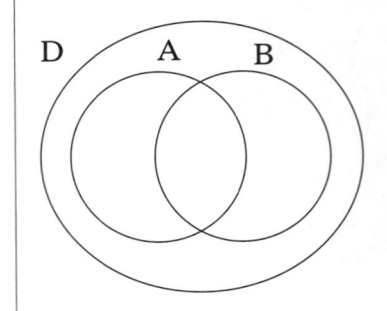

d) $[(A \cap B) - C] \cup [(A \cap C) - B] \cup [(B \cap C) - A]$

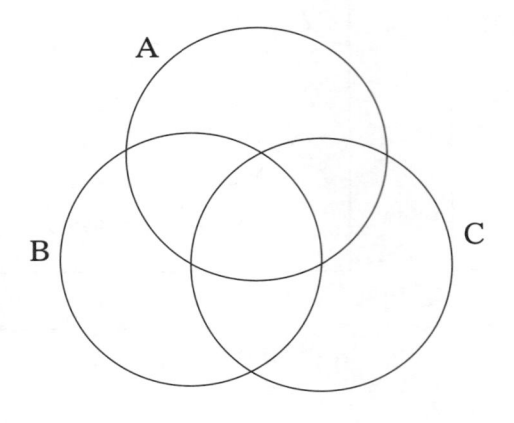

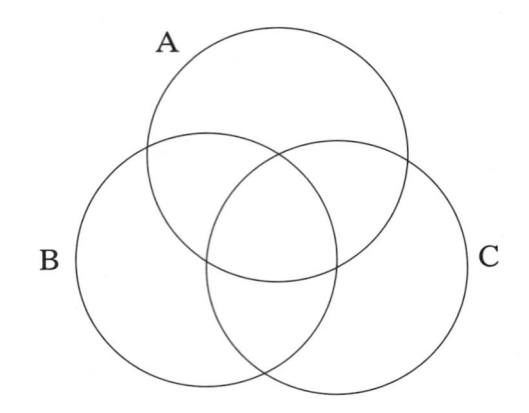

e) $[A - (B \cup C)] \cup [B - (A \cup C)] \cup [C - (A \cup B)]$

83 Classificar com V (verdadeira) ou F (falsa) cada uma das sentenças:
Obs.: Os diagramas de Ven podem ajudar na análise das afirmações.

a) $x \in A \cap B \Rightarrow x \in A$ ( )

b) $x \in (A \cup B) \Rightarrow x \in A$ ( )

c) $x \in (A \cup B) \Rightarrow x \notin A$ ( )

d) $x \in (A \cup B) \Rightarrow x \in A \wedge x \in B$ ( )

e) $x \in (A \cap B) \Rightarrow x \in A \vee x \in B$ ( )

f) $x \in (A - B) \Rightarrow x \in A$ ( )

g) $x \in (A - B) \Rightarrow x \in B$ ( )

h) $x \notin (A \cup B) \Rightarrow x \notin A$ ( )

i) $x \notin (A \cap B) \Rightarrow x \notin A$ ( )

j) $x \notin (A \cap B) \Rightarrow x \notin B$ ( )

k) $x \notin (A - B) \Rightarrow x \in B$ ( )

l) $x \in (A - B) \Rightarrow x \notin B$ ( )

m) $x \in (A \cap B) \Rightarrow x \notin (A - B)$ ( )

n) $x \in (A \cup B) \Rightarrow x \in (A - B)$ ( )

o) $x \notin (A \cap B) \Rightarrow x \in (A - B)$ ( )

p) $x \in (A - B) \Rightarrow x \notin (A \cap B)$ ( )

q) $x \notin (A \cup B) \Rightarrow x \notin (A - B)$ ( )

r) $x \in (A \cup B) \Rightarrow x \notin (A - B)$ ( )

84 Dados os conjuntos A e B contidos em ∪, determinar o que se pede:

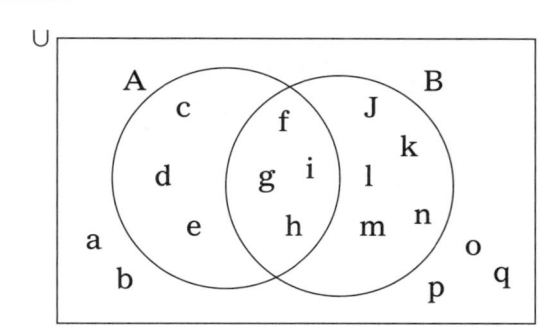

a) n (A) =	b) n (B) =
c) n (∪) =	d) n (A ∩ B) =
e) n (A ∪ B) =	f) n (A − B) =
g) n (B − A) =	h) n ($\overline{A \cup B}$) =

85 No diagrama seguinte os números entre parênteses, de cada região, indica o número de elementos desta região. Determinar o que se pede.

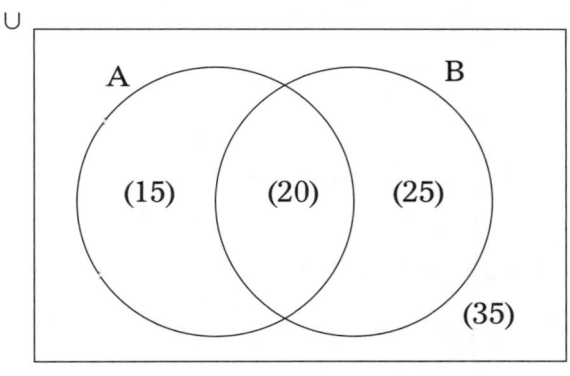

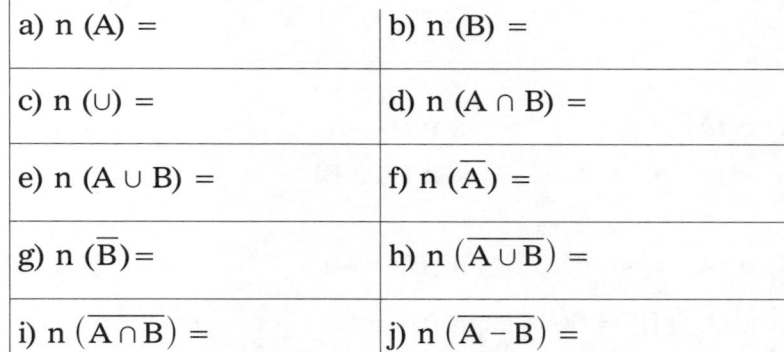

a) n (A) =	b) n (B) =
c) n (∪) =	d) n (A ∩ B) =
e) n (A ∪ B) =	f) n ($\overline{A}$) =
g) n ($\overline{B}$) =	h) n ($\overline{A \cup B}$) =
i) n ($\overline{A \cap B}$) =	j) n ($\overline{A - B}$) =

k) n (B − A) =   l) n ($\overline{A} \cap \overline{B}$) =   m) n ($\overline{A} \cup \overline{B}$) =   n) n ($\overline{A} - \overline{B}$) =

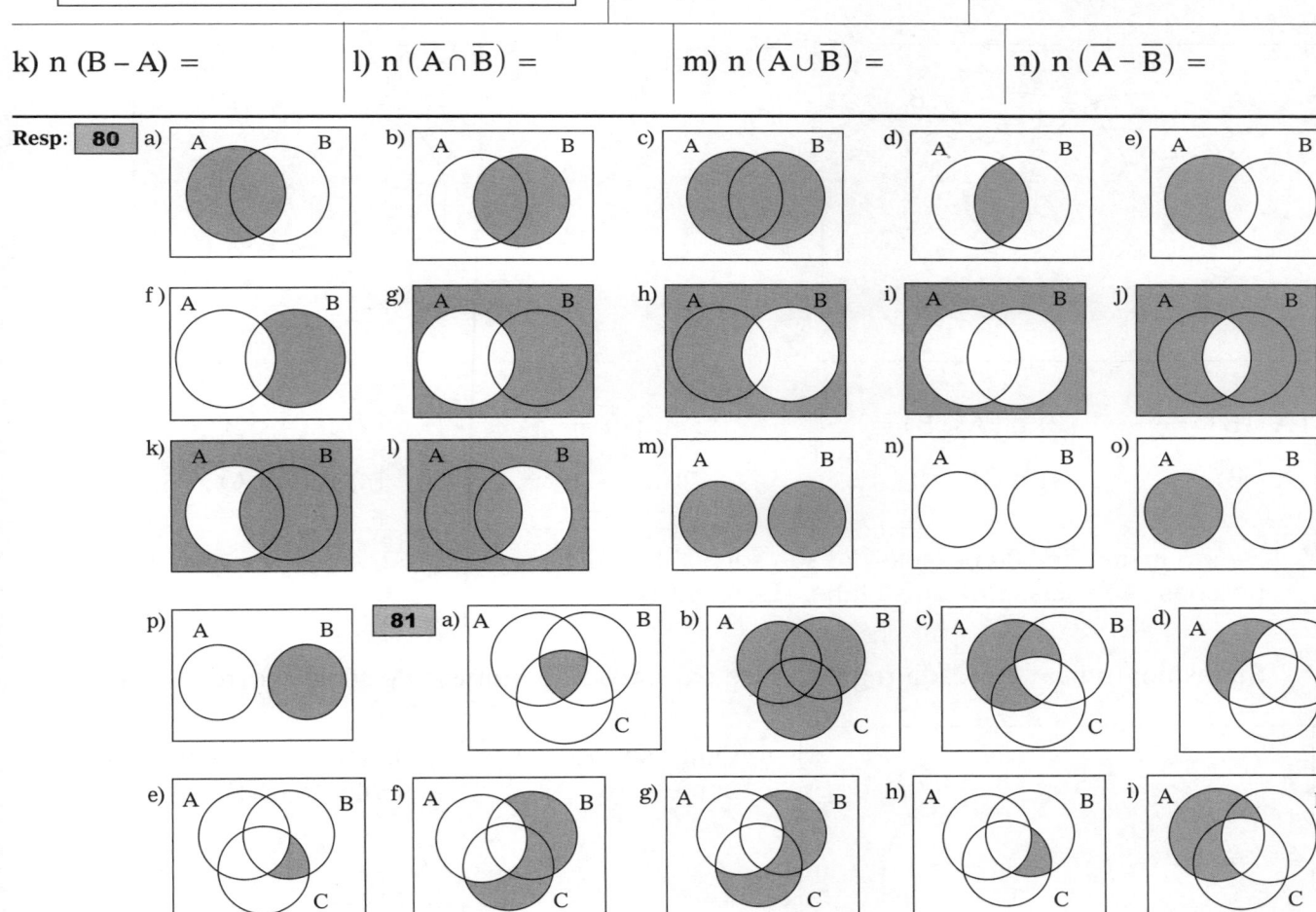

Resp: **80**

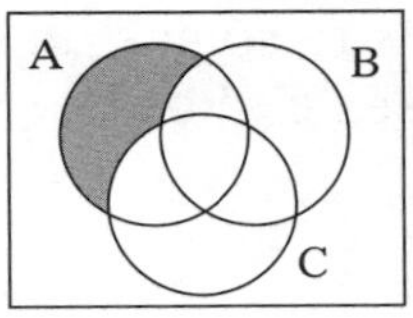

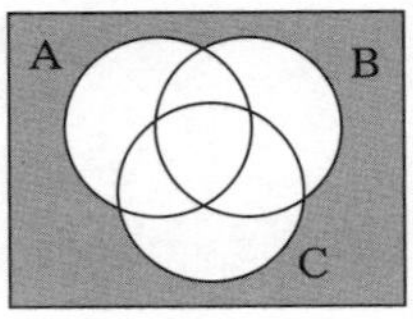

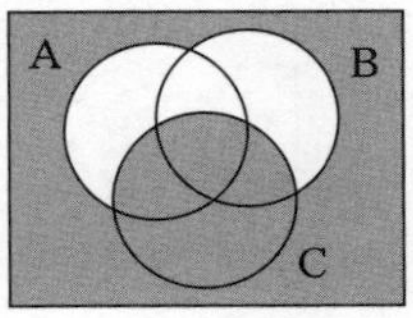

86 A e B são subconjuntos de ∪. Indicar em cada região, entre parênteses, o número de elementos da região, de acordo com os dados, e determinar o que se pede.

a) n (A ∩ B) = 10 , n (A − B) = 20
   n (B − A) = 15 , n ($\overline{A \cup B}$) = 7

b) n (A) = 55 , n (B) = 65
   n (A ∩ B) = 30 , n ($\overline{A \cup B}$) = 20

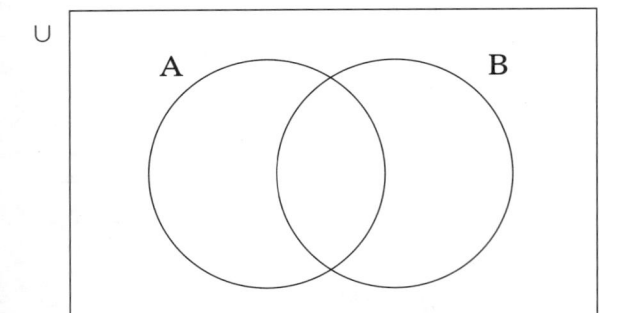

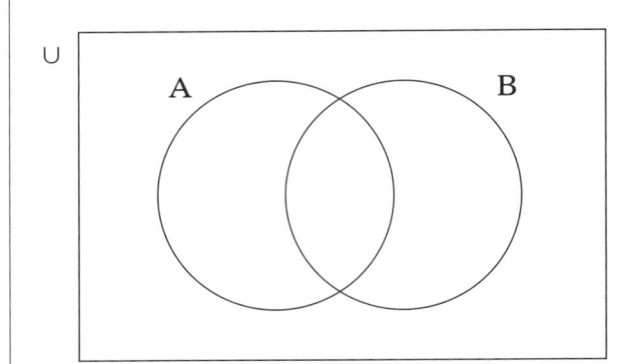

1) n (A) =
2) n (B) =
3) n (∪) =
4) n (A ∪ B) =

1) n (A − B) =
2) n (B − A) =
3) n (A ∪ B) =
4) n (∪) =

c) n (A) = 50 , n (B) = 40
   n (A ∪ B) = 60 , n (∪) = 85

d) n (A) = 100 , n (B) = 115
   n (A ∪ B) = 160 , n ($\overline{A \cup B}$) = 35

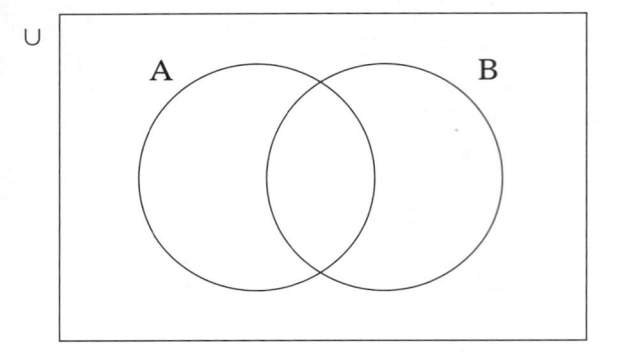

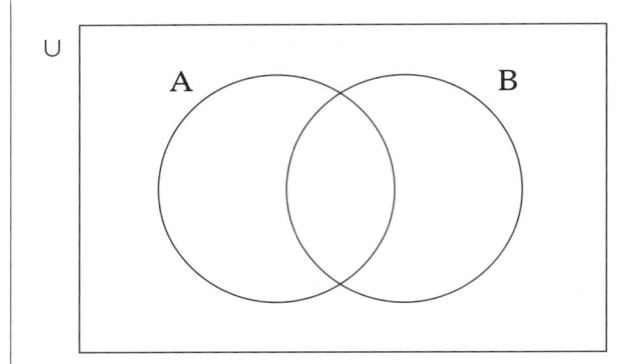

1) n ($\overline{A \cup B}$) =
2) n (A ∩ B) =
3) n (A − B) =
4) n (B − A) =

1) n (∪) =
2) n (A ∩ B) =
3) n (A − B) =
4) n (B − A) =

87 De um grupo de 100 pessoas, 23 são sócias de um clube A, 50 são sócias de um clube B e 3 pessoas são sócias dos dois clubes. Determinar:

Sugestão: Indicar em cada região, entre parênteses, o número de sócios correspondente.

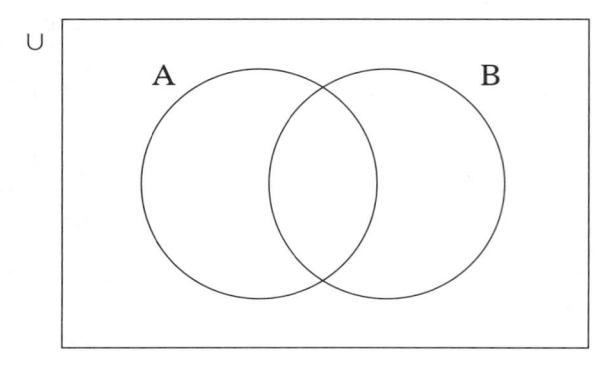

a) Quantas são sócios somente de A?

b) Quantas são sócias somente de B?

c) Quantas são sócias de A ou B?

d) Quantas pessoas deste grupo não são sócias de nenhum desses clubes?

88 Em uma pesquisa foram entrevistadas 95 pessoas e obtidos os seguintes resultados:
- 27 são assinantes da Folha de São Paulo.
- 25 são assinantes do Estado de São Paulo.
- 7 são assinantes dos dois jornais.

Nestas condições, pergunta-se:

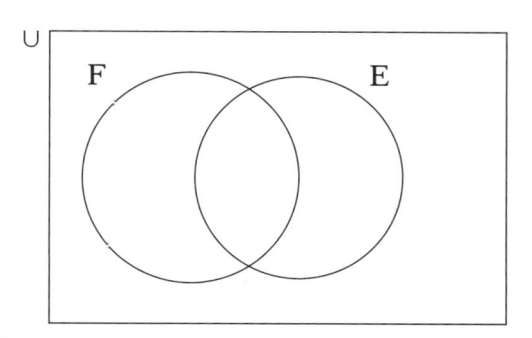

a) Quantas dessas pessoas assinam apenas a Folha?

b) Quantas assinam apenas o Estado?

c) Quantas assinam a Folha ou o Estado?

d) Quantas dessas pessoas não assinam nenhum desses jornais?

89 90 pessoas que trabalham em uma empresa vão a um restaurante A ou a um B que ficam nas imediações. Verificou-se que em uma determinada semana 40 tinham ido apenas ao A e 35 apenas ao B. Pergunta-se:

a) Quantas foram aos dois?   b) Quantas foram ao A?   c) Quantas foram ao B?

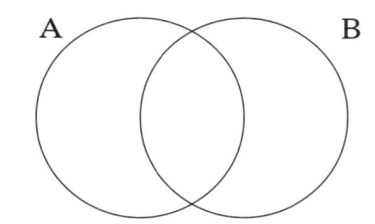

90 De um grupo de 1000 estudantes pesquisados, verificou-se que vão para a escola,

a) de metrô ou ônibus. 700 pegam metrô e 400 pegam ônibus. Quantos pegam os dois?

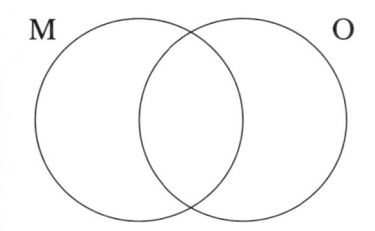

b) com camiseta ou tênis. 885 com camiseta e 915 com tênis. Quantos vão com camiseta e tênis?

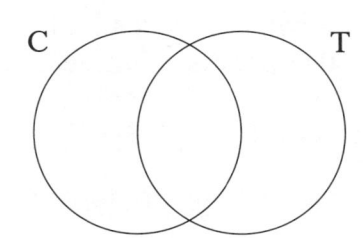

Resp: **82** a) b) c) d) e)

83 a) V b) F c) F d) F e) V f) V g) F h) V i) F j) F k) F l) V m) V n) F
o) F p) V q) V r) F **84** a) 7 b) 9 c) 17 d) 4 e) 12 f) 3 g) 5 h) 5
85 a) 35 b) 45 c) 95 d) 20 e) 60 f) 60 g) 50 h) 35 i) 75 j) 80 k) 70 l) 35 m) 75 n) 25

49

91 Em uma pesquisa foram entrevistadas 3000 pessoas, a respeito da leitura das revistas A e B. Verificou-se que 1100 liam A, 650 liam B e 1600 liam A ou B. Pergunta-se:

a) Quantas não liam nenhuma?
b) Quantas liam ambos?
c) Quantas liam apenas A?
d) Quantas liam apenas B?

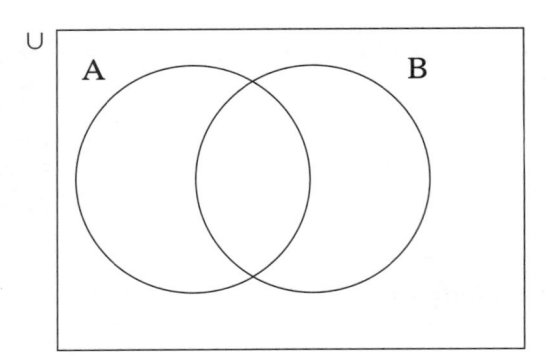

92 200 pessoas foram entrevistadas a respeito do consumo das marcas A e B de azeite. Constatou-se que 115 consomem A, 70 consomem B e 133 consomem A ou B. Pergunta-se quantas pessoas

a) não consomem nenhuma dessas marcas?
b) consomem as duas?
c) consomem apenas A?
d) consomem apenas B?

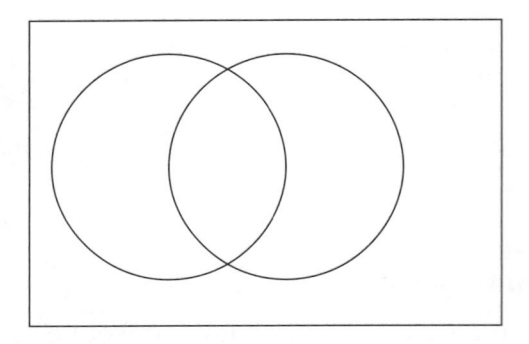

93 Em um grupo de consumidores foi feita uma pesquisa e vericou-se que 72 consomem um detergente A, 60 consomem um detergente B e 22 consomem os dois. Pergunta-se:

a) Quantos consomem A ou B?

b) Qual o número mínimo de consumidores desse grupo?

c) Se foram entrevistados 150 consumidores, quantos não consomem nenhum desses produtos?

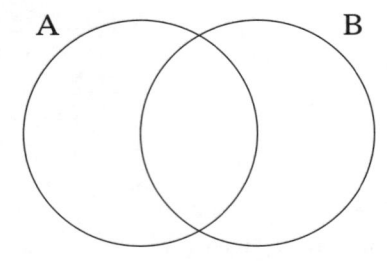

94 A respeito dos 210 clientes que entraram em um restaurante, em um determinado dia verificou-se que 85 usavam óculos, 35 usavam óculos e tênis e 45 não usavam óculos nem tênis. Determinar quantos clientes usavam

a) apenas óculos   b) apenas tênis   c) tênis   d) óculos ou tênis.

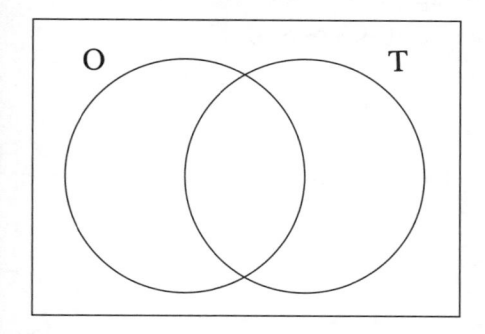

95 Em uma pesquisa com 320 pessoas que assistem as novelas A ou B, vericou-se que 280 assistem a novela A, 240 a novela B. Determinar quantas pessoas assistem

a) ambas   b) apenas A   c) apenas B

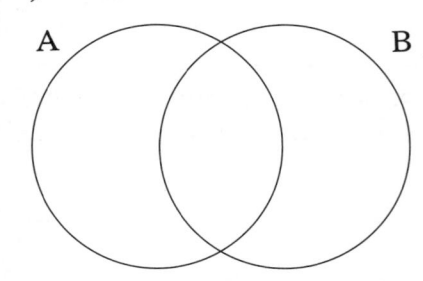

96 Em uma sala com 48 alunos havia 30 alunos que falavam inglês, 15 que falavam espanhol e 13 que não falavam inglês nem espanhol. Quantos alunos falam

a) inglês ou espanhol?   b) inglês e espanhol?   c) apenas inglês?   d) apenas espanhol?

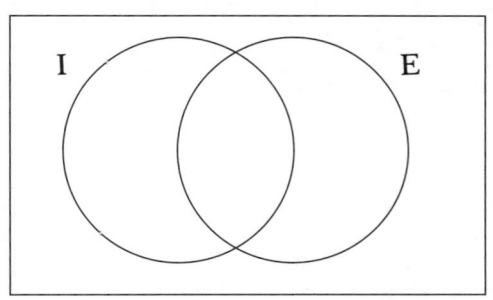

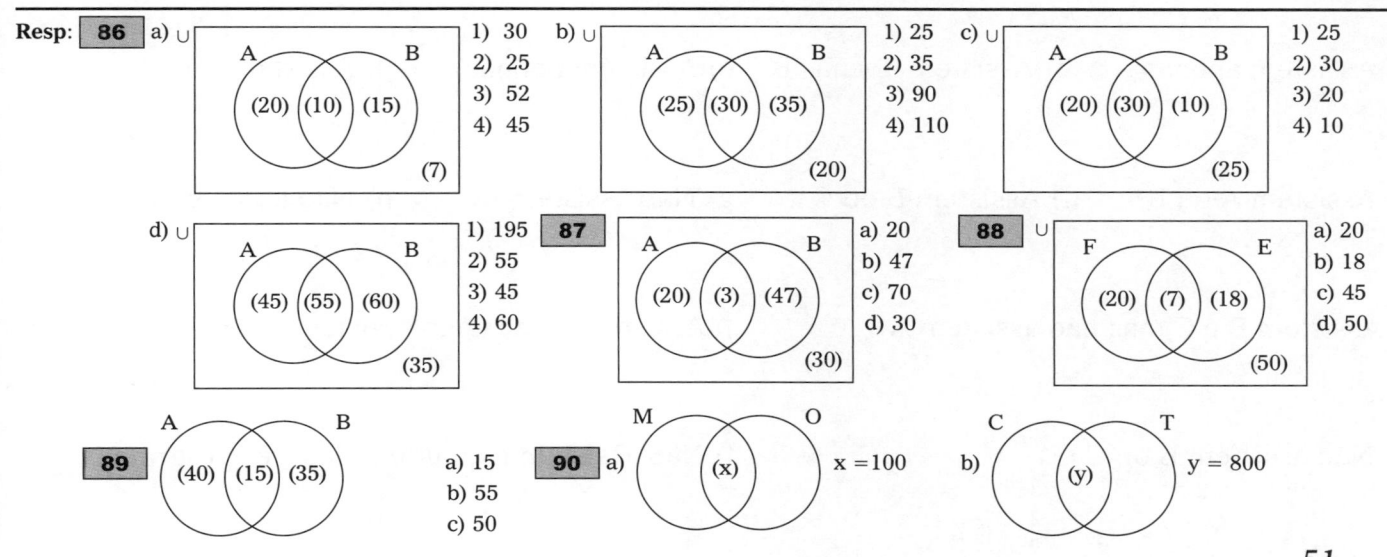

Resp: **86** a) (20)(10)(15) (7) 1) 30 2) 25 3) 52 4) 45
b) (25)(30)(35) (20) 1) 25 2) 35 3) 90 4) 110
c) (20)(30)(10) (25) 1) 25 2) 30 3) 20 4) 10

d) (45)(55)(60) (35) 1) 195 2) 55 3) 45 4) 60

87 (20)(3)(47) (30) a) 20 b) 47 c) 70 d) 30

88 (20)(7)(18) (50) a) 20 b) 18 c) 45 d) 50

89 (40)(15)(35) a) 15 b) 55 c) 50

90 a) (x) x = 100   b) (y) y = 800

51

97 Duas sobremesas, um doce e uma salada de frutas, foram oferecidas para os clientes de um restaurante por quilo, em um determinado dia. 390 aceitaram sobremesa, sendo que 320 aceitaram salada de frutas, 200 aceitaram doce e 250 não aceitaram doce. Pergunta-se:

a) Quantas aceitaram o doce e a salada?
b) Quantos aceitaram apenas a salada?
c) Quantas aceitaram apenas o doce?
d) Quantos foram os clientes neste dia?

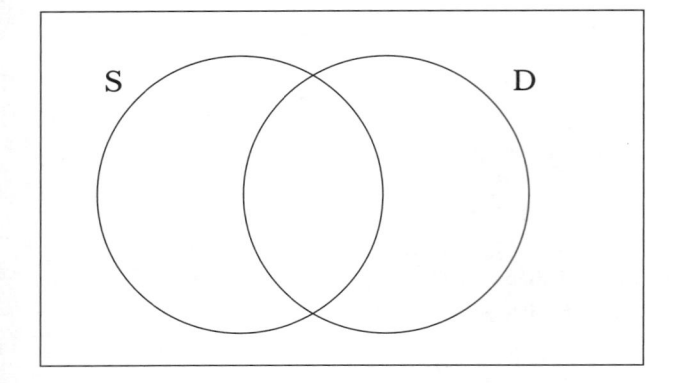

98 Foi feita uma pesquisa em uma comunidade com 1500 pessoas, sobre os programas A, B e C de um canal de televisão e a tabela seguinte mostra quantos telespectadores assistem a esses programas. Determinar quantas pessoas:

Programas	Número de Telespectadores
A	520
B	480
C	550
A e B	150
A e C	170
B e C	230
A, B e C	100

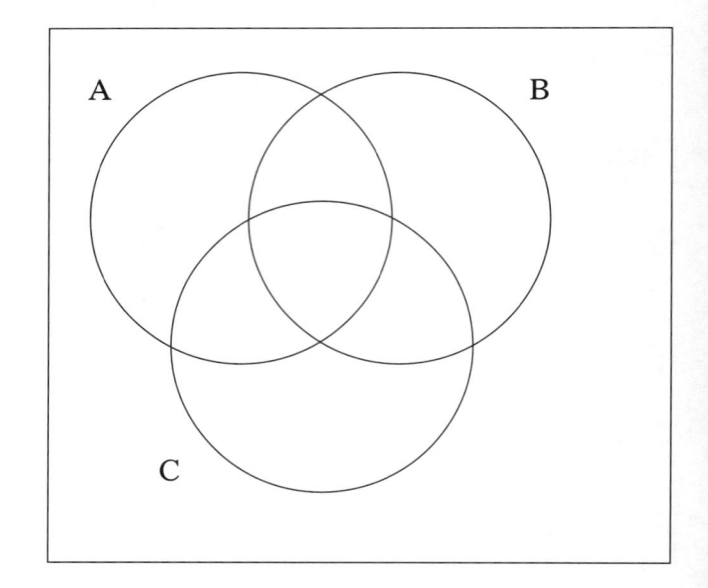

a) Assistem apenas A
b) Assistem apenas B
c) Assistem apenas C
d) Assistem A e B

e) Assistem A ou B
f) Assistem B ou C
g) Não assistem A
h) Não assistem B

i) Assistem B e C mas não assistem A
j) Assistem A mas não assistem B ou C

k) Não assistem B ou C
l) Não assistem a qualquer dos três programas

99 (PUC-CAMPINAS – SP) Numa comunidade constituída de 1.800 pessoas, há três programas de TV favoritos: Esporte (E), Novela (N) e Humorismo (H). A tabela seguinte indica quantas pessoas assistem a esses programas:

Programas	E	N	H	E e N	N e H	E e H	E, N e H
Números de Telespectadores	400	1.220	1.080	220	800	180	100

Através desses dados, determinar o número de pessoas da comunidade que não assistem a qualquer dos três programas.

100 (UFSC) Numa concentração de atletas, há 42 que jogam basquetebol, 28 voleibol e 18 voleibol e basquetebol, simultaneamente. Qual o número mínimo de atletas na concentração?

101 (F.G.V. – SP) Uma empresa entrevistou 300 de seus funcionários a respeito de três embalagens: A, B e C para o lançamento de um novo produto. O resultado foi o seguintes: 160 indicam a embalagem A; 120 indicaram a embalagens B; 90 indicaram a embalagem C; 30 indicaram as embalagens A e B; 40 indicaram as embalagens A e C; 50 indicaram as embalagens B e C; e 10 indicaram as 3 embalagens. Dos funcionários entrevistados, quandos não tinham preferência por nenhuma das 3 embalagens?

102 (F.M.SANTA CASA – SP) Analisando-se as carteiras de vacinação das 84 crianças de uma creche, verificou-se que 68 receberam a vacina Sabin, 50 receberam a vacina contra sarampo e 12 não foram vacinadas. Quantas dessas crianças receberam as duas vacinas?

103 (UNESP) Suponhamos que numa equipe de 10 estudantes, 6 usam óculos e 8 usam relógio. Determinar o número de estudantes que usa, ao mesmo tempo, óculos e relógio.

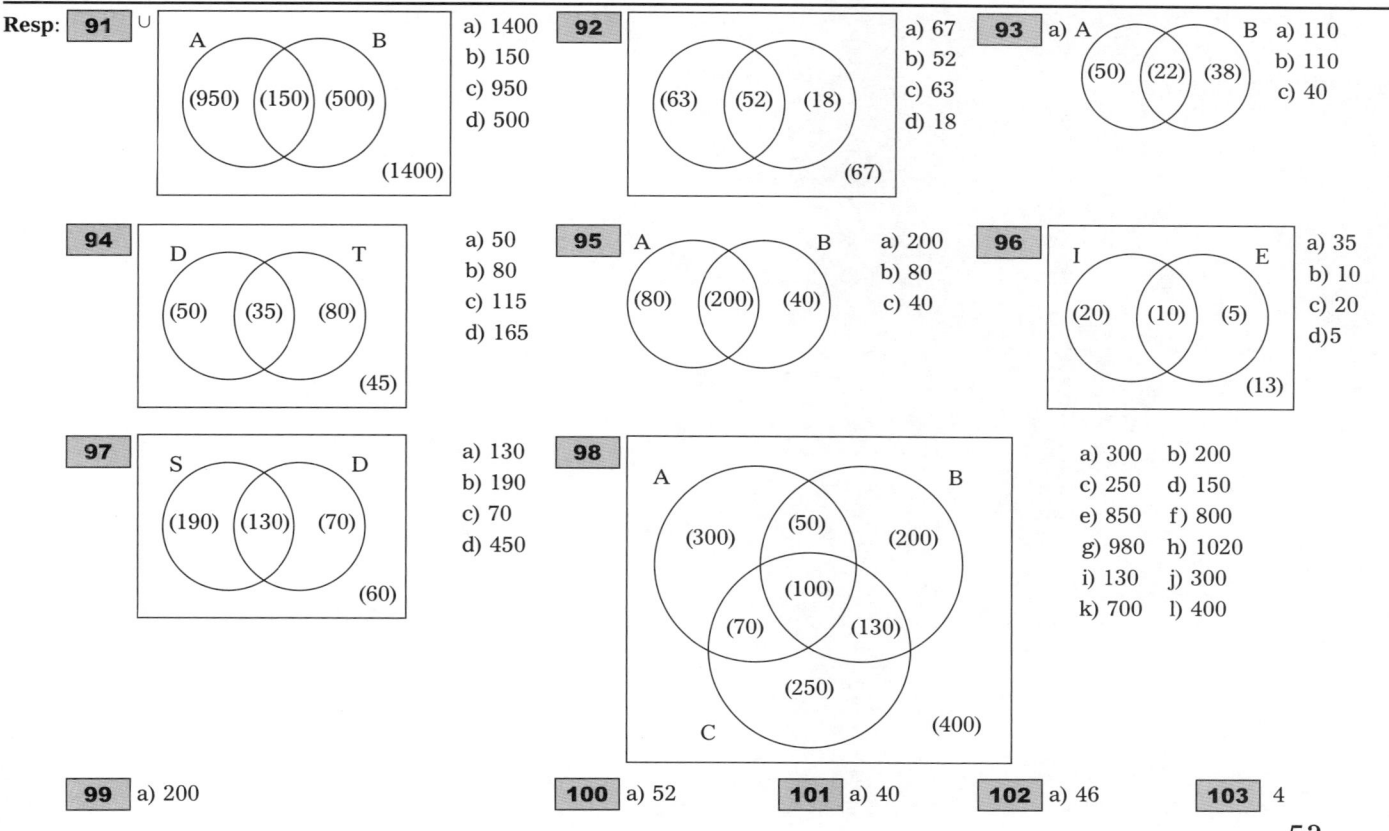

Resp: **91** a) 1400 b) 150 c) 950 d) 500

92 a) 67 b) 52 c) 63 d) 18

93 a) 110 b) 110 c) 40

94 a) 50 b) 80 c) 115 d) 165

95 a) 200 b) 80 c) 40

96 a) 35 b) 10 c) 20 d) 5

97 a) 130 b) 190 c) 70 d) 450

98 a) 300 b) 200 c) 250 d) 150 e) 850 f) 800 g) 980 h) 1020 i) 130 j) 300 k) 700 l) 400

99 a) 200   **100** a) 52   **101** a) 40   **102** a) 46   **103** 4

III - NÚMEROS NATURAIS ($\mathbb{N} = \{0, 1, 2, 3, 4, 5, 6, 7, 8, 9, 10, 11,...\}$)

1 – Múltiplo

Se **a**, **b** e **c** são números naturais, $\{a, b, c\} \subset \mathbb{N}$, e $a = bc$, dizemos que **a** é **múltiplo** de **b** e **a** é **múltiplo** de **c**.

$15 = 3 \cdot 5 \Rightarrow 15$ é múltiplo de 3 e 15 é múltiplo de 5.

$6 = 1 \cdot 2 \cdot 3 \Rightarrow 6$ é múltiplo de 1, de 2 e de 3.

$0 = 0 \cdot 7 \Rightarrow 0$ é múltiplo de 0 e de 7.

Como $0 \cdot a = 0$, qualquer que seja o número natural **a**, dizemos que 0 é multiplo de qualquer número natural.

Como $a = 1 \cdot a$ para todo número natural a, dizemos que qualquer número natural é múltiplo de 1 e dele próprio.

$17 = 1 \cdot 17 \Rightarrow 17$ é múltiplo de 1 e de 17.

2 – Divisor

Se a, b, e c são números naturais não nulos, $\{a, b, c\} \subset \mathbb{N}^*$, e $a = bc$, dizemos que **b** e **c** são **divisores** de **a**. Dizemos também que **a** é divisível por **b** e que **a** e divisível por **c**.

$10 = 1 \cdot 2 \cdot 5 \Rightarrow 1, 2$ e 5 são divisores de 10.

$7 = 1 \cdot 7 \Rightarrow 1$ e 7 são divisores de 7.

Para $b \neq 0$, sabemos que $0 = b \cdot 0$, e dizemos que **b** é divisor de 0. Mas dizemos que 0 **não é divisor** de 0.

> Não se divide por 0

Outros exemplos:

1) $21 = 1 \cdot 21 = 3 \cdot 7 \Rightarrow \begin{cases} 21 \text{ é múltiplo de 1, de 3, de 7 e de 21} \\ 1, 3, 7 \text{ e } 21 \text{ são divisores de 21} \\ 21 \text{ é divisível por 1, 3, 7 e 21} \end{cases}$

2) $12 = 1 \cdot 12 = 2 \cdot 6 = 3 \cdot 4 \Rightarrow \begin{cases} 12 \text{ é múltiplo de 1, 2, 3, 4, 6 e 12} \\ 1, 2, 3, 4, 6 \text{ e } 12 \text{ são divisores de 12} \\ 12 \text{ é divisível por 1, 2, 3, 4, 6 e 12} \end{cases}$

3) $1 \cdot 20 = 2 \cdot 10 = 4 \cdot 5 = 20 \Rightarrow \begin{cases} 20 \text{ é múltiplo de 1, 2, 4, 5, 10 e 20} \\ 1, 2, 4, 5, 10 \text{ e } 20 \text{ são divisores de 20} \\ 20 \text{ é divisível por 1, 2, 4, 5, 10 e 20} \end{cases}$

> **Resumo:** 1) Se **a**, **b** e **c** são números naturais, diferentes de 0, e a = bc, então **a** é múltiplo de **b** e **c**, **b** e **c** são divisores de **a** e **a** é divisível por **b** e **c**.
>
> 2) O 0 é múltiplo de qualquer número natural.
>
> 3) Qualquer número natural é múltiplo dele mesmo.
>
> 4) O 1 é divisor de qualquer número natural.
>
> 5) Qualquer número natural diferente de 0 é divisor dele mesmo.
>
> 6) Qualquer número natural natural diferente de 0 é divisor de 0.
>
> 7) O 0 não é divisor de nenhum número natural. (Não se divide por 0).
>
> 8) Qualquer número natural é divisível por 1.
>
> 9) Qualquer número natural diferente de 0 é divisível por ele mesmo.

104 Classificar com V (verdadeira) ou F (falsa) a senteça, nos casos:

a) (   ) 10 é múltiplo de 5.

b) (   ) 7 é divisor de 21.

c) (   ) 30 é múltiplo de 1 e de 30.

d) (   ) 15 é divisor de 15.

e) (   ) 7 é múltiplo de 14.

f) (   ) 10 é divisor de 2.

g) (   ) 7 é divisor de 14.

h) (   ) 10 é múltiplo de 2.

i) (   ) 15 é divisor de 14.

j) (   ) 1 é divisor de 7.

k) (   ) 0 é múltiplo de 7.

l) (   ) 0 é múltiplo de 29.

m) (   ) 12 é múltiplo de 1, 2, 3 e 4.

n) (   ) 6 e 12 são divisores de 12.

105 Se **a** é divisor de **b**, dizemos também que **a** divide **b**. Classificar com V ou F a sentença, nos casos:

a) (   ) 5 é divisor de 20.

b) (   ) 5 divide 20.

c) (   ) 35 é múltiplo de 7.

d) (   ) 7 divide 35.

e) (   ) 3 divide 21, 24 e 27.

f) (   ) 9 divide 9, 36, 54, 63 e 72.

g) (   ) 28 divide 7.

h) (   ) 28 é divisível por 7.

i) (   ) 8 é divisível por 24.

j) (   ) 8 divide 24.

k) (   ) 1 é divisor de qualquer número natural.

l) (   ) 0 é múltplo de qualquer número natural.

m) (   ) Qualquer número natural é divisível por 1.

n) (   ) 0 é divisível por qualquer número natural.

o) (   ) 0 é divisível por qualquer número natural diferente de 0.

Sendo **n** um número natural vamos indicar, neste caderno, por D(n) ou d (n) o conjunto dos divisores naturais de **n** e por M (n) ou m (n) o conjunto dos múltiplos naturais de **n**.

Exemplo: Para n = 5, temos:

$$D(5) = \{1, 5\} \text{ e } M(5) = \{0, 5, 10, 15, 20, ...\}$$

106 Em cada caso é dado um número natural, escrever todas as multiplicações de dois números naturais (sem comutar: se escrever a · b, não escreva b · a) que resultam no número dado.

a) 15 =

b) 13 =

c) 25 =

d) 29 =

e) 26 =

f) 38 =

g) 20 =

h) 30 =

i) 24 =

j) 36 =

k) 48 =

l) 108 =

107 Escrever, enumerando os elementos entre chaves, os seguintes conjuntos:

a) D(7) =

b) M(7) =

c) D(3) =

d) M(3) =

e) M(6) =

f) D(6) =

g) D(4) =

h) M(4) =

i) D(10) =

j) M(10) =

k) M(9) =

l) M(11) =

m) M(12) =

n) M(13) =

o) M(14) =

p) M(15) =

q) D(16) =

r) D(12) =

s) D(18) =

t) D(24) =

u) D(23) =

v) D(31) =

w) D(37) =

x) D(53) =

57

Sendo **a** e **b** números naturais vamos, neste caderno, indicar por mc (a, b) o conjunto dos números naturais que são múltiplos comuns de **a** e **b** (números naturais que são múltiplos, ao mesmo tempo, de **a** e de **b**. E por mmc (a,b), indicaremos o menor múltiplo comum, não nulo, de **a** e **b** (o menor natural diferente de 0, múltiplo de **a** e **b** simultaneamente).

Exemplo: Para a = 6 e b = 8, temos:

m (6) = {0, 6, 12, 18, 24, 30, 36, 42, 48, ...}

m (8) = {0, 8, 16, 24, 32, 40, 48, 56, 64, ...}

mc (6, 8) = {0, 24, 48, 72, 96, ...}. São os múltiplos de 24.

mmc (6,8) = 24. É o menor múltiplo natural, diferente de 0.

108 Dados os números naturais **a** e **b**, determinar m (a), múltiplos naturais de **a**, m (b), múltiplos naturais de **b**, mc (a, b), múltiplos naturais comuns de **a** e **b** e o mmc (a, b), menor múltiplo natural comum, diferente de zero, de **a** e **b**, nos casos:

a) a = 2 e b = 3

m (2) =

m (3) =

mc (2, 3) =

b) a = 4 e b = 6

c) a = 8 e b = 12

d) a = 18 e b = 24

Sendo a e b números naturais vamos, neste caderno, indicar por dc (a,b) o conjunto dos números naturais que são divisores comuns de a e b (números naturais que são divisores, ao mesmo tempo, de **a** e de **b**). E por mdc(a, b), vamos indicar o máximo divisor comum de **a** e **b** (o maior número natural que divide ao mesmo tempo **a** e **b**).

Exemplo: Para a = 20 e b = 28, temos:

d(20) = {1, 2, 4, 5, 10, 20}

d(28) = {1, 2, 4, 7, 14, 28}

dc (20, 28) = { 1, 2, 4} ⇒ mdc (20, 28) = 4

109 Dados os números naturais **a** e **b**, determinar d(a), conjunto dos números naturais que são divisores de **a**, d(b), dc(a,b), conjunto dos naturais que são divisores comuns de **a** e de **b** e o mdc (a,b), o máximo divisor comum de **a** e **b**, nos casos:

a) a = 15 e b = 21

b) a = 13 e b = 23

c) a = 30 e b = 49

d) a = 20 e b = 45

e) a = 80 e b = 128

Resp: **104** a) V b) V c) V d) V e) F f) F g) V h) V i) V j) V k) V l) V m) V n) V
105 a) V b) V c) V d)V e) V f) V g) F h) V i) F j) V k) V l) V m) V n) F o) V
106 a) 1·15 = 3·5 b) 1·13 c) 1·25 = 5·5 d) 1·29 e) 1·26 = 2·13 f) 1·38 = 2·19 g) 1·20 = 2·10 = 4·5
h) 1·30 = 2·15 = 3·10 = 5·6 i) 1·24 = 2·12 = 3·8 = 4·6 j) 1·36 = 2·18 = 3·12 = 4·9 = 6·6
k) 1·48 = 2·24 = 3·16 = 4·12 =6·8 l) 1·108 = 2·54 = 3·36= 4·27 = 6·18 = 9·12 **107** a) {1,7} b) {0,7,14,21,28, 35,...}
c) {1, 3} d) (0, 3, 6, 9, 12, 15,...} e) {0, 6, 12, 18, 24,...} f) {1, 2, 3, 6} g) {1, 2, 4} h) {0, 4, 8, 12, 16, 20,...}
i) {1, 2, 5, 10} j) {0, 10, 20, 30, 40,...} k) {0, 9, 18, 27, 36, 45,...} l) {0, 11, 22, 33, 44, 55,...} m) {0, 12, 24, 36, 48, 60,...}
n) {0, 13, 26, 39, 52, 65,...} o) {0, 14, 28, 42, 56, 70,...} p) {0, 15, 30, 45, 60,...} q) {1, 2, 4, 8, 16} r) {1, 2, 3, 4, 6, 12}
s) {1, 2, 3, 6, 9, 18} t) {1, 2, 3, 4, 6, 8, 12, 24} u) {1, 23} v) {1, 31} w) {1, 37} x) {1, 53}

3 – Divisibilidade

Se **a**, **b** e **c** são números naturais e a = bc ≠ 0, isto é, **a**, **b** e **c** são diferentes de 0, dizemos que **a** é divisível por **b** e que a é divisível por **c**.

Exemplos: 42 = 1 · 42 = 2 · 21 = 3 · 14 = 6 · 7

42 é divisível por 1, 2, 3, 6, 7, 14, 21 e 42.

Para verificarmos se um número é divisível por outro, dividimos ele pelo outro. Se o resto for 0, então o dividendo é divisível pelo divisor.

Exemplos:

1) Verificar se 312 é divisível por 13.

$$\begin{array}{r|l} 312 & 13 \\ -26 & 24 \\ \hline 52 & \\ -52 & \\ \hline 0 & \end{array}$$

O quociente é 24 e o retso é 0
312 = 24 · 13 ⇒ 312 é divisível por 13.

2) Verificar se 363 é divisível por 21

$$\begin{array}{r|l} 363 & 21 \\ -21 & 17 \\ \hline 153 & \\ -147 & \\ \hline 006 & \end{array}$$

O quociente é 17 e o resto é 6.
O resto é diferente de 0
363 = 17 · 21 + 6 ⇒ 363 não é divisível por 21.

Critérios de divisibilidade (alguns)

Há alguns critérios que nos permitem dizer se um número é divisível por outro, sem efetuar a divisão, como fizemos acima.

C1 – Divisibilidade por 10

Um número é divisível por **10** se, e somente se ele terminar em 0.

Exemplo: 30, 60, 200 e 4000 são divisíveis por 10.

C2 – Divisibilidade por 5

Um número é divisível por 5 se, e somente se, ele terminar em 0 ou 5.
Exemplo: 10, 15, 30, 65, 2000, 455 são divisível por 5.

C3 – Divisibilidade por 2

Um número é divisível por 2 se, e somente se, ele for par, isto é, quando terminar em 0, 2, 4, 6 ou 8.
Exemplo: 70, 32, 54, 86 e 138 são divisíveis por 2.

C4 – Divisibilidade por 3

Um número é divisível por 3 se, e somente se, a soma dos seus algarismos for um número divisível por 3.

Exemplos: 1) 564 é divisível por 3 pois 5 + 6 + 4 = 15 é divisível por 3.

2) 7313 não é divisível por 3 pois 7 + 3 + 1 + 3 = 14 não é divisível por 3.

C5 – Divisibilidade por 9

Um número é divisível por 9 se, e somente se, a soma dos seus algarismos for um número divisível por 9.

Exemplos: 1) 756 é divisível por 9, pois 7 + 5 + 6 = 18 é divisível por 9.

2) 937 não é divisível por 9, pois 9 + 3 + 7 = 19 não é divisível por 9.

C6 – Divisibilidade por 4

Um número é divisível por 4 se, e somente se, o número formado pelos seus 2 últimos algarismos for divisível por 4.

Exemplos: 1) 4512 e 7720 são divisíveis por 4, pois 12 e 20 o são.

2) 4430 não é divisível por 4, pois 30 não o é.

C7 – Divisibilidade por 8

Um número é divisível por 8 se, e somente se, o número formado pelos seus 3 últimos algarismos for disível por 8.

Exemplos: 1) 7840 é disível por 8, pois 840 é divisível por 8.

2) 8180 não é divisível por 8, pois 180 não é divisível por 8.

C8 – Divisibilidade por 6

Um número é divisível por 6 se, e somente se, ele for divisível, simultaneamente, por 2 e por 3

Exemplo: 7164 é divisível por 2, pois ele é par.

7164 é divisível por 3, pois 7 + 1 + 6 + 4 = 18 é divisível por 3.

Então 7164 é divisível por 2 · 3 = 6.

C9 – Divisibilidade por 15

Um número é divisível por 15 se, e somente se, ele for divisível, simultaneamente, por 3 e por 5.

Exemplos: 1) 4170 é divisível por 15, pois como termina em zero, ele é divisível por 5 e como 4 + 1 + 7 + 0 = 12, ele é divisível por 3. Então ele é divisível por 3 · 5 = 15.

2) 549 não é divisível por 15, pois ele não é disível por 5.

3) 1935 é divisível por 15 pois é disível por 3 e por 5.

Resp: **108** a) {0, 2, 4, 6, 8, 10, 12, 14, 16, 18, 20, 22, 24,...}; {0, 3, 6, 9, 12, 15, 18, 21, 24, 27, 30,...}; {0, 6, 12, 18, 24...}; 6

b) {0, 4, 8, 12, 16, 20, 24, 28, 32, 36, 40,...}; {0, 6, 12, 18, 24, 30, 36, 42, 48,...}; {0, 12, 24, 36, 48,...}; 12

c) {0, 8, 16, 24, 32, 40, 48,...}; {0, 12, 24, 36, 48,..}; {0, 24, 48, 72,...}; 24   d) {0, 18, 36, 54, 72,...}; {0, 24, 48, 72,...}; {0, 72, 144, 216,...}; 72

109 a) {1, 3, 5, 15}; {1, 3, 7, 21}; {1, 3}; 3   b) {1, 13}; {1, 23}; {1}; 1   c) {1, 2, 3, 5, 6, 10, 15, 30}; {1, 7, 49}; {1}; 1

d) {1, 2, 4, 5, 10, 20}; {1, 3, 5, 9, 15, 45}; {1, 5}; 5   e) {1, 2, 4, 5, 8, 10, 16, 20, 40, 80}; {1, 2, 4, 8, 16, 32, 64, 128}; {1, 2, 4, 8, 16}; 16

110 De o valor V (verdadeira) ou F (falsa) para cada uma das sentenças:

a) ( ) Se um número é par, então ele é divisível por 2.

b) ( ) Se um número é ímpar, então ele é divisível por 3.

c) ( ) Se um número é par, ele é divisível por 4.

d) ( ) Se um número terminar em 0 ou 5, ele é divisível por 5.

e) ( ) Se um número terminar em 0, ele é divisível por 10.

f) ( ) Se o número formado pelos 2 últimos algarismos de um número for divisível por 4, então ele é divisível por 4.

g) ( ) Se o número formado pelos 3 últimos algarismos de um número for divisível por 8, então ele é divisível por 8.

h) ( ) Se a soma dos algarismos de um número for divisível por 3, então ele também a será.

i) ( ) Se a soma dos algarismos de um número for divisível por 9, então ele também o será.

j) ( ) Se um número for divisível por 2 e por 3, ele é divisível por 6.

k) ( ) Se um número é divisível por 3 e por 5, ele é divisível por 15.

l) ( ) Se um número é divisível por 2 e por 4, ele é divisível por 8.

111 Classificar em V ou F a sentença, nos casos:

a) ( ) 42 é divisível por 2	( ) 384 é divisível por 3
b) ( ) 115 é divisível por 3	( ) 3744 é divisível por 4
c) ( ) 6888 é divisível por 8	( ) 764 é divisível por 4
d) ( ) 582 é divisível por 4	( ) 1200 é divisível por 8
e) ( ) 215 é divisível por 5	( ) 1300 é divisível por 10
f) ( ) 4761 é divisível por 9	( ) 93417 é divisível por 9
g) ( ) 486 é divisível por 2 e por 3	( ) 975 é divisível por 3 e por 5
h) ( ) 585 é divisível por 9 e por 5	( ) 3210 é divisível por 3 e por 10
i) ( ) 720 é divisível por 3 e por 4	( ) 4752 é divisível por 4 e por 9
j) ( ) 498 é divisível por 6	( ) 3975 é divisível por 15
k) ( ) 6715 é divisível por 15	( ) 4124 é divisível por 6

l) ( ) 456120 é divisível por 5, 6, 8, 9, 10 e 15

m) ( ) 46824 é divisível por 2, 3, 4, 6, 8 e 9

112 Colocar entre parênteses S (sim) ou N (não), conforme o número dado esteja ou não de acordo com a expressão entre parênteses:

a) ( ) 750, ( ) 415, ( ) 312, ( ) 400   (é divisível por 2)

b) ( ) 752, ( ) 648, ( ) 7230, ( ) 1200   (é divisível por 4)

c) ( ) 1236, ( ) 536, ( ) 7761, ( ) 4506   (é divisível por 3)

d) ( ) 435, ( ) 120, ( ) 300, ( ) 407   (é divisível por 5)

e) ( ) 7880, ( ) 6444, ( ) 1328, ( ) 7040   (é divisível por 8)

f) ( ) 1746, ( ) 7893, ( ) 9694, ( ) 81729   (é divisível por 9)

g) ( ) 4164, ( ) 3645, ( ) 6216, ( ) 8178   (é divisível por 6)

h) ( ) 3210, ( ) 1765, ( ) 3645, ( ) 1665   (é divisível por 15)

113 Dados os números 464, 564, 7245, 1800, 1872, 8145, 1236, 4410, e 4240, escrever entre chaves os que são divisíveis por:

a) 2 ⇒

b) 3 ⇒

c) 4 ⇒

d) 5 ⇒

e) 6 ⇒

f) 8 ⇒

g) 9 ⇒

h) 10 ⇒

i) 15 ⇒

Se dois números têm apenas o natural 1 como divisor comum (eles são primos entre si) e um número é divisível por ambos, então ele é divisível pelo produto deles.

Exemplos:

1) 4 e 3 são primos entre si (tem apenas o natural 1 como divisor).

   1644 é divisível por 3 e por 4 ⇒ 1644 é divisível por 3 · 4 = 12

2) 4 e 9 são primos entre si.

   7128 é divisível por 4 e por 9 ⇒ 7128 é divisível por 4 · 9 = 36

3) 2118 é divisível por 2 e por 3 ⇒ 2118 é divisível por 2 · 3 = 6

4) 6285 é divisível por 3 e por 5 ⇒ 6285 é divisível por 3 · 5 = 15

114 Classificar com V ou F cada uma das sentenças:

a) (   ) 3 e 5 são primos entre si
b) (   ) 375 é divisível por 3
c) (   ) 375 é divisível por 5
d) (   ) 375 é divisível por 15
e) (   ) 5 e 9 são primos entre si
f) (   ) 675 é divisível por 5
g) (   ) 675 é divisível por 9
h) (   ) 675 é divisível por 45
i) (   ) 3 e 10 são primos entre si
j) (   ) 1740 é divísivel por 10
k) (   ) 1740 é divisível por 3
l) (   ) 1740 é divisível por 30
m) (   ) 2 e 9 são primos entre si
n) (   ) 3564 é divisível por 2
o) (   ) 3564 é divisível por 9
p) (   ) 3564 é divisível por 18
q) (   ) 3 e 6 são primos entre si
r) (   ) 30 é divisível por 3
s) (   ) 30 é divisível por 6
t) (   ) 30 é divisível por 18

115 Classificar com V ou F cada uma das sentenças:

a) (   ) 3 e 7 são primos entre si, então se um número for divisível por 3 e por 7, ele será divisível por 3 · 7 = 21.

b) (   ) 6 e 8 são primos entre si, então se um número for divisível por 6 e por 8, ele será divisível por 6 · 8 = 48.

c) (   ) 6 e 8 não são primos entre si, mas existe número que é divisível por 6 e por 8 e é divisível por 6 · 8 = 48.

d) (   ) 6 e 8 não são primos entre si, mas existe número que é divisível por 6 e por 8 e não é divisível por 6 · 8 = 48.

e) (   ) 7 · 5 = 35, então todo número que for divisível por 7 e por 5, será também divisível por 35.

f) (   ) 7 · 8 = 56, então todo número que for divisível por 7 e por 8, será também divisível por 56.

g) (   ) 7 · 9 = 63, então todo número que for divisível por 63, será também divisível por 7 e por 9.

h) (   ) 9 · 11 = 99, então todo número que for divisível por 99 será também divisível por 9 e por 11

i) (   ) 6 · 9 = 54, então todo número que for divisível por 54 será também divisível por 6 e por 9.

j) (   ) 6 · 9 = 54, então todo número que for divisível por 6 e por 9 será também divisível por 54.

k) (   ) 9 · 12 = 108, então todo número que for dividível por 9 e por 12 será também divisível por 108.

l) (   ) 9 · 12 = 108, então todo número que é divisível por 108 é divisível por 9 por 12.

C10 – Divisibilidade por 11

Um número é divisível por 11 se, e somente se, a diferença entre a soma dos algarismos de ordem ímpar e a soma dos algarismos de ordem par (pegar a maior soma menos a menor) for divisível por 11.

Exemplos:

1) $3718 = 3\underline{7}1\underline{8} \Rightarrow 7 + 8 = 15$ e $3 + 1 = 4 \Rightarrow 15 - 4 = 11$
   11 é divisível por 11 $\Rightarrow$ 3718 é divisível por 11

2) $718190 = 7\underline{1}8\underline{1}9\underline{0} \Rightarrow 1 + 1 + 0 = 2$ e $7 + 8 + 9 = 24 \Rightarrow 24 - 2 = 22$
   22 é divisível por 11 $\Rightarrow$ 718190 é divisível por 11.

3) $4169 = 4\underline{1}6\underline{9} \Rightarrow 1 + 9 = 10$ e $4 + 6 = 10 \Rightarrow 10 - 10 = 0$
   0 é divisível por 11 $(0 : 11 = 0) \Rightarrow$ 4169 é divisível por 11.

Obs.: Há outros casos de divisibilidade, mas os mais importantes são por 2, 3, 4, 5, 6, 8, 9 e 10

116 Verificar se o número dado é divisível por 11, sem efutuar a divisão, nos casos:

a) 819071

b) 857396

c) 45672

d) 81378

e) 9181909

Resp: **110** a) V b) F c) F d) V e) V f) V g) V h) V i) V j) V k) V l) F
111 a) V; V b) F; V c) V; V d) F; V e) V; V f) V; F g) V; V h) V; V i) V; V j) V; V k) F; F l) V m) F
112 a) S; N; S; S b) S; S; N; S c) S; N; S; S d) S; S; S; N e) S; N; S; S f) S; S; N; S;
g) S; N; S; S; h) S; N; S; S **113** a) {464, 564, 1800, 1872, 1236, 4410, 4240,}
b) {564, 7245, 1800, 1872, 8145, 1236, 4410}   c) {464, 564, 1800, 1872, 1236, 4240}
d) {7245, 1800, 8145, 4410, 4240}   e) {564, 1800, 1872, 1236, 4410}   f) {464, 1800, 1872, 4240}
g) {7245, 1800, 1872, 8145, 4410}   h) {1800, 4410, 4240}   i) {7245, 1800, 8145, 4410}

117 O número 81428☐ é de 6 algarismos, está faltando o algarismo das unidades. Determinar este algarismo de modo que o número em questão seja

a) divisível por 10
R:

b) divisível por 5
R:

c) divisível por 2
R:

d) divisível por 3
R:

e) divisível por 9
R:

f) divisível por 4
R:

g) divisível por 8
R:

h) divisível por 6
R:

i) divisível por 15
R:

j) divisível por 12
R:

k) divisível por 11
R:

118 O número ☐7563 é de 5 algarismos, está faltando o algarismo das dezenas de milhares. Determinar este algarismo de modo que o número em questão seja

a) divisível por 10
R:

b) divisível por 5
R:

c) divisível por 2
R:

d) divisível por 3
R:

e) divisível por 9
R:

f) divisível por 4
R:

g) divisível por 8
R:

h) divisível por 6
R:

i) divisível por 11
R:

119 O número 910☐8 é de 5 algarismos, está faltando o algarismo das dezenas. Determinar este algarismo de modo que o número obtido seja

a) divisível por 5
R:

b) divisível por 2
R:

c) divisível por 3
R:

d) divisível por 4
R:

e) divisível por 8
R:

f) divisível por 9
R:

g) divisível por 6
R:

h) divisível por 12
R:

i) divisível por 11
R:

120 Qual é o maior número menor que 1000, que é

a) divisível por 5?
R:

b) divisível por 2?
R:

c) divisível por 4?
R:

d) divisível por 3?
R:

e) divisível por 9?
R:

f) divisível por 8?
R:

g) divisível por 11?
R:

h) divisível por 6?
R:

i) divisível por 15?
R:

121 Sem efetuar a divisão, responder se é possível embalar, sem sobrar balas, 93148 balas em saquinhos com

a) 4 balas cada um.

b) 5 balas cada um.

c) 6 balas cada um.

d) 8 balas cada um.

e) 11 balas cada um.

f) 44 balas cada um.

4 – Números naturais primos e compostos

Um número natural é primo se, e somente se, ele for diferente de 1 e tiver como divisores naturais apenas o 1 e ele próprio:

Neste capítulo, quando falarmos em números primos, estamos falando em primos naturais.

Todo número natural diferente de 0 e de 1 que não for primo é chamado número composto. Ele tem divisor diferente de 1 e dele próprio.

Exemplos:

1) 2 tem apenas os divisores 1 e 2 ⇒ 2 é primo

2) 3 tem apenas os divisores 1 e 3 ⇒ 3 é primo

3) 41 tem apenas os divisores 1 e 41 ⇒ 41 é primo

4) 12 tem os divisores 1, 2, 3, 4, 6 e 12. Ele tem divisor diferente de 1 e de 12. Então 12 não é primo, 12 é composto.

Obs.: 1) O 2 é o único número par que é primo.

2) " Há infinitos números primos" Teorema demonstrado por Euclides (330 – 360 AC)
{2, 3, 5, 7, 11, 13, ...}

3) Como a soma de um número par com um ímpar da ímpar, se a soma de dois primos for ímpar, com certeza, um deles é o 2

$5 = 2 + 3, 7 = 2 + 5, 9 = 2 + 7, 15 = 2 + 13$

4) Como a soma de dois números ímpares é par, se a soma de dois números primos for par, com certeza, ambos são diferentes de 2

$8 = 3 + 5, 12 = 7 + 5, 24 = 11 + 13$

5) Se o produto de dois primos for par, um deles é o 2

$10 = 2 \cdot 5, 6 = 2 \cdot 3, 14 = 2 \cdot 7$

6) Se o produto de dois primos for ímpar, ambos são diferentes de 2

$35 = 7 \cdot 5, \qquad 77 = 7 \cdot 11, \quad 15 = 3 \cdot 5$

Resp: **114** a) V b) V c) V d) V e) V f) V g) V h) V i) V j) V k) V l) V m) V n) V
o) V p) V q) F r) V s) V t) F **115** a) V b) F c) V d) V e) V f) V g) V
h) V i) V j) F k) F l) V **116** a) Sim b) Não c) Sim d) Sim e) Sim

Método para reconher um primo

Para afirmarmos que um número é primo devemos verificar se ele não tem divisores naturais diferentes de 1 e dele próprio. Para isto verificamos se ele é divisível por algum número primo diferente dele próprio. Se for, ele não é primo.

Devemos dividir o número por primos, sucessivamente, até que o quociente fique menor ou igual ao dividendo, se todos os restos forem diferentes de 0, então o número é primo.

Quando encontramos um resto zero, interrompemos o processo, e o número dado não é primo.

Exemplos:

1) 281

Pelos critérios de divisibilidade, ele não é divisível pelos primos 2, 3, 5 e 11. Vamos verificar então por 7, 13, ...

$$281 | 7 \quad\quad 281 | 13 \quad\quad 281 | 17$$
$$01 \; 40 \quad\quad 21 \; 21 \quad\quad 111 \; 16$$
$$\boxed{1} \quad\quad\quad \boxed{8} \quad\quad\quad \boxed{9}$$

Como 16 é menor que 17 e os restos não são iguais a 0, então 281 é primos.

2) 299

Pelos critérios de divisibilidade, ele não é divisível pelos primos 2, 3, 5 e 11. Vamos verificar pelos primos 7, 13, ...

$$299 | 7 \quad\quad 299 | 13$$
$$19 \; 42 \quad\quad 39 \; 23$$
$$\boxed{5} \quad\quad\quad \boxed{0}$$

Como o resto é 0, obtemos que $299 = 23 \cdot 13$. Portanto 299 não é primo.

122 Os primeiros primos naturais são 2, 3, 5, 7, 11, 13 e 17. Pensando na tabuada e nos critérios de divisibilidade por 2, 3, 5 e 11 e dividindo por 7, por 13 ou por 17, quando necessário, escrever os seguintes número primos naturais:

a) Menores que 20

b) Entre 20 e 50

c) Entre 50 e 100

d) Entre 100 e 150

123 Em cada caso é dado a soma de dois primos naturais, determine-os:

a) 195

b) 259

c) 309

d) 361

e) 469

f) 615

124 Determinar os seguintes produtos de números primos:

a) 2 · 11 =	2 · 23 =	2 · 31 =	2 · 241 =
b) 3 · 13 =	3 · 41 =	3 · 17 =	3 · 19 =
c) 5 · 13 =	5 · 17 =	5 · 19 =	5 · 211 =
d) 7 · 13 =	7 · 19 =	7 · 23 =	7 · 17 =

125 Em cada caso é dado um número composto que é o produto da multiplicação de dois números primos. Escrever a multiplicação correspondente:

a) 34 =	58 =	326 =	614 =
b) 51 =	57 =	65 =	85 =
c) 87 =	91 =	287 =	95 =
d) 143 =	203 =	1203 =	4207 =

126 Usando os critérios de divisibilidade pelos primos 2, 3, 5 e 11 em seguida, se necessário dividir o número dado pelos primos 7, 13, ... verificar se o número dado é primo, nos casos:

a) 283   b) 367   c) 1343   d) 347

Resp: **117** a) 0   b) 0 e 5   c) 0, 2, 4, 6 e 8   d) 1, 4 e 7   e) 4   f) 0, 4 e 8   g) 0 e 8   h) 4   i) Não existe   j) 4   k) 6   **118** a) Não existe   b) Não existe   c) Não existe   d) 3, 6 e 9   e) 6   f) Não existe   g) Não existe   h) Não existe   i) 5   **119** a) Não existe   b) 0, 1, 2, 3, 4, 5, 6, 7, 8, 9   c) 0, 3, 6, 9   d) 0, 2, 4, 6, 8   e) 0, 4, 8   f) 0, 9   g) 0, 3, 6, 9   h) 0, 6   i) 5   **120** a) 995   b) 998   c) 996   d) 999   e) 999   f) 992   g) 990   h) 996   i) 990   **121** a) Sim   b) Não   c) Não   d) Não   e) Sim   f) Sim

127 Em cada caso é dado um número composto que é a multiplicação de dois números primos. Escrever a multiplicação correspondente. Neste exercício você pode usar a calculadora para dividir pelos números primos 7, 11, 13, 17, 19, 23, 29, 31, 37, 41, 43, 47, ...

a) 1349 =	b) 1541 =	c) 899 =
d) 1711 =	e) 2201 =	f) 2813 =

5 – Decomposição em fatores primos

Todo número natural, diferente de 0 e 1, que não é primo, é chamado número natural composto e pode ser escrito como produto de números primos.

Exemplos: 1) $4 = 2 \cdot 2$, $6 = 2 \cdot 3$, $10 = 2 \cdot 5$

2) $36 = 2 \cdot 18$ (note que 18 não é primo)

$36 = 2 \cdot 2 \cdot 9$ (note que 9 não é primo)

$36 = 2 \cdot 2 \cdot 3 \cdot 3$ (todos os fatores são primos)

Teorema fundamental da aritmética:

"Todo número natural composto pode ser escrito, exceto pela ordem dos fatores, como multiplicação de números naturais primos, de forma única".

Escrever um número desta forma significa **decompor este número em fatores primos**, que são 2, 3, 5, 7, 11, 13, 17, ... Esta decomposição chama-se também **fatoração do número**.

Para decompor um número composto, dividimos este número pelo menor divisor primo dele e em seguida fazemos o mesmo, sucessivamente, com os quocientes obtido.

Exemplo: 1) $24 = 2 \cdot 12 = 2 \cdot 2 \cdot 6 = 2 \cdot 2 \cdot 2 \cdot 3 = 2^3 \cdot 3$

Quando há fatores repetidos, escrevemos na forma de potência.

Isto é: $2 \cdot 2 \cdot 2 = 2^3$, $3 \cdot 3 = 3^2$, $5 \cdot 5 \cdot 5 \cdot 5 = 5^4$, $7 \cdot 7 = 7^2$, etc.

2) $30 = 2 \cdot 15 = 2 \cdot 3 \cdot 5$, $12 = 2 \cdot 6 = 2 \cdot 2 \cdot 3 = 2^2 \cdot 3$

3) $50 = 2 \cdot 25 = 2 \cdot 5 \cdot 5 = 2 \cdot 5^2$, $54 = 2 \cdot 27 = 2 \cdot 3 \cdot 9 = 2 \cdot 3 \cdot 3 \cdot 3 = 2 \cdot 3^3$

4) $540 = 2 \cdot 270 = 2 \cdot 2 \cdot 135 = 2 \cdot 2 \cdot 3 \cdot 45 = 2 \cdot 2 \cdot 3 \cdot 3 \cdot 15 = 2 \cdot 2 \cdot 3 \cdot 3 \cdot 3 \cdot 5 = 2^2 \cdot 3^3 \cdot 5$

Dispostivo prático:

1)
```
90 | 2
45 | 3
15 | 3
 5 | 5
 1
```
$90 = 2 \cdot 3 \cdot 3 \cdot 5 = 2 \cdot 3^2 \cdot 5$

$\boxed{90 = 2 \cdot 3^2 \cdot 5}$

2)
```
12 | 2
 6 | 2
 3 | 3
 1
```
$12 = 2 \cdot 2 \cdot 3$
$12 = 2^2 \cdot 3$

3)
```
18 | 2
 9 | 3
 3 | 3
 1
```
$18 = 2 \cdot 3 \cdot 3$
$18 = 2 \cdot 3^2$

4)
```
30 | 2
15 | 3
 5 | 5
 1
```
$30 = 2 \cdot 3 \cdot 5$

128 Sem usar o dispositivo prático, escrever a decomposição em fatores primos dos seguintes números naturais

a) 14 =

b) 26 =

c) 34 =

d) 38 =

e) 21 =

f) 39 =

g) 25 =

h) 49 =

i) 35 =

j) 9 =

k) 65 =

l) 85 =

m) 8 =

n) 27 =

o) 20 =

p) 30 =

q) 18 =

r) 12 =

s) 56 =

t) 63 =

u) 72 =

v) 54 =

129 Utilizando o dispositivo prático, decompor em fatores primos os números:

a) 28

b) 98

c) 75

d) 36

e) 100

f) 225

g) 240

h) 108

i) 392

Resp: **122** a) {2, 3, 5, 7, 11, 13, 17, 19} b) {23, 29, 31, 37, 41, 43, 47}   c) {53, 59, 61, 67, 71, 73, 79, 83, 89, 97}
d) {101, 103, 107, 109, 113, 127, 131, 137, 139, 149}   **123** a) 193 e 2   b) 257 e 2   c) 307 e 2   d) 359 e 2
e) 467 e 2   f) 613 e 2   **124** a) 22; 46; 62; 482   b) 39; 123; 51; 57   c) 65; 85; 95; 1055   d) 91; 133; 161; 119
125 a) 2 · 17; 2 · 29; 2 · 163; 2 · 307   b) 3 · 17; 3 · 19; 5 · 13; 5 · 17   c) 3 · 29; 7 · 13; 7 · 41; 5 ·19;   d) 11 · 13; 7 · 29; 3 · 401; 7 · 601
126 a) 283 é primo   b) 367 é primo   c) 1343 não é primo   d) 347 é primo

6 – Divisores e Número de divisores

Se o número for primo ele tem apenas dois divisores naturais, o 1 e ele próprio.

Para determinarmos os **divisores** de um número composto, pensamos na tabuada e nos critérios de divisibilidade ou no seguintes dispositivo prático.

1) Fazemos a decomposição do número em fatores primos (fatoramos o número).

2) Traçamos uma barra vertical à direita dos fatores primos.

3) Traçamos uma linha horizontal acima do primeiro fator.

4) Colocamos o 1, o primeiro divisor natural, acima e à direita das barras horizontal e vertical traçadas.

5) Multiplicamos cada fator da decomposição por todos os números das linhas de cima, mas se for fator repetido, apenas pela linha de cima.

Todos os números à direita da reta vertical são divisores dos número.

Exemplos:

1) Pensando nos critérios de divisibilidade, olhe o conjunto dos divisores naturais de n, D(n)

D(7) = {1,7}, D(13) = {1, 13}, D(4) = {1, 2, 4}, D(6) = {1, 2, 3, 6}

D(10) = {1, 2, 5, 10}, D(12) = {1, 2, 3, 4, 6, 12}, etc.

2) Pelo dispostivo prático:

I)
30	2
15	3
5	5
1	

⇒

		1
30	2	2
15	3	3, 6
5	5	5, 10, 15, 30
1		

D(30) = {1, 2, 3, 5, 6, 10, 15, 30}
30 tem 8 divisores naturais

II)
90	2
45	3
15	3
5	5
1	

⇒

		1
90	2	2
45	3	3, 6
15	3	9, 18
5	5	5, 10, 15, 30, 45, 90
1		

D(90) = {1, 2, 3, 5, 6, 9, 10, 15, 18, 30, 45, 90}
90 tem 12 divisores naturais

Para determinarmos o **número de divisores naturais** de um número composto, multiplicamos os sucessores dos expoentes dos fatores primos da decomposição. Seja nd(a), o número de divisores naturais de a.

Exemplos:

1) $30 = 2 \cdot 3 \cdot 5 = 2^1 \cdot 3^1 \cdot 5^1$ Expoentes: 1, 1 e 1 ⇒ sucessores: 2, 2, 2 ⇒ nd(30) = $2 \cdot 2 \cdot 2$ = $\boxed{8}$

o 30 tem 8 divisores naturais.

2) $90 = 2 \cdot 3^2 \cdot 5 = 2^1 \cdot 3^2 \cdot 5^1$ Expoentes: 1, 2, 1 ⇒ sucessores: 2, 3, 2 ⇒ nd(90) = $2 \cdot 3 \cdot 2$ = $\boxed{12}$

o 90 tem 12 divisores naturais.

3) $360 = 2^3 \cdot 3^2 \cdot 5^1$ Expoentes: 3, 2, 1 ⇒ sucessores: 4, 3, 2, ⇒ nd(360) = $4 \cdot 3 \cdot 2$ = $\boxed{24}$

o 360 tem 24 divisores naturais.

130 Pensando na tabuada e em divisibilidade, determinar o conjunto dos divisores naturais e o número desses divisores, nos casos:

a) 23

b) 29

c) 47

d) 14

e) 22

f) 21

g) 9

h) 25

i) 49

j) 42

k) 63

l) 48

131 Determinar pelo dispostivo prático os divisores naturais dos seguintes números:

a) 70

b) 105

c) 54

d) 60

Resp: **127** a) $19 \cdot 71$ b) $23 \cdot 67$ c) $29 \cdot 31$ d) $29 \cdot 59$ e) $31 \cdot 71$ f) $29 \cdot 97$ **128** a) $2 \cdot 7$ b) $2 \cdot 13$ c) $2 \cdot 17$
d) $2 \cdot 19$ e) $3 \cdot 7$ f) $3 \cdot 13$ g) 5^2 h) 7^2 i) $5 \cdot 7$ j) 3^2 k) $5 \cdot 13$ l) $5 \cdot 17$ m) 2^3 n) 3^3
o) $2^2 \cdot 5$ p) $2 \cdot 3 \cdot 5$ q) $2 \cdot 3^2$ r) $2^2 \cdot 3$ s) $2^3 \cdot 7$ t) $3^2 \cdot 7$ u) $2^3 \cdot 3^2$ v) $2 \cdot 3^3$
129 a) $2^2 \cdot 7$ b) $2 \cdot 7^2$ c) $3 \cdot 5^2$ d) $2^2 \cdot 3^2$ e) $2^2 \cdot 5^2$ f) $3^2 \cdot 5^2$ g) $2^4 \cdot 3 \cdot 5$ h) $2^2 \cdot 3^3$ i) $2^3 \cdot 7^2$

132 Em cada caso é dado um número **a** na forma fatorada (decomposto em fatores primos), determinar o número de divisores naturais de **a**.

a) $a = 2 \cdot 3 \cdot 5 \cdot 7^2$

b) $a = 2^3 \cdot 3^2 \cdot 11$

c) $a = 3 \cdot 3 \cdot 5 \cdot 5 \cdot 5 \cdot 7^4$

d) $a = 2 \cdot 2 \cdot 2 \cdot 3 \cdot 3 \cdot 17^2 \cdot 23$

133 Dado o número natural **a**, determinar os divisores de **a** e verificar pelo método do produto dos sucessores dos expoentes, se o número de divisores naturais obtido está correto.

a) $a = 180$

b) $a = 600$

7 – Máximo divisor comum (mdc)

O máximo divisor comum (**mdc**) de dois ou mais números naturais é o maior (máximo) número que é divisor de todos esses números dados.

Há vários métodos para se determinar o mdc. Vejamos alguns:

1º modo Determinamos os divisores dos números e tomamos o maior dos comuns.

1) 60 e 80

d(60) = {1, 2, 3, 4, 5, 6, 10, 12, 15, 20, 30, 60}

d(80) = {1, 2, 4, 5, 8, 10, 16, 20, 40, 80}

dc(60, 80) = {1, 2, 4, 5, 10, 20} ⇒ mdc (60,80) = 20

2º modo Decompomos os números em fatores primos, escrevemos na forma de potência e tomamos para o mdc o produto das potências de mesmas bases, que repetem nas decomposições, com o menor expoente que cada base comum tem.

1) 60 e 80

60	2		80	2
30	2		40	2
15	3		20	2
5	5		10	2
1			5	5
			1	

$60 = 2^2 \cdot 3^1 \cdot 5^1$ e $80 = 2^4 \cdot 5^1$

As potências que repetem são as de bases 2 e 5.

O menor expoente de 2 é 2 e o de 5 é 1. Então:

mdc (60, 80) = $2^2 \cdot 5^1 = 20$

3º modo Mentalmente, pensando na tabuada. É o mais usado, na prática, quando os números são pequenos.

mdc (12, 20) = 4,   mdc (16,24) = 8,   mdc (28,40) = 4

4º modo Fazemos divisões simultâneas dos números dados e dos quocientes obtidos por divisores comuns até que o maior divisor comum dos quocientes obtidos seja 1, então multiplicamos os divisores, obtidos, obtendo o mdc.

1) 60 e 80

60, 80	10		60, 80	10		60, 80	10	Como o mdc (3,4) = 1, obtemos:
			6, 8	2		6, 8	2	mdc(60, 80) = 2 · 10 = 20
						3, 4		

2) 108

108, 144, 180	2	Como o mdc (3, 4, 5) = 1, obtemos:
54, 72, 90	9	mdc (108, 144, 180) = 2 · 9 · 2 = 36
6, 8, 10	2	
3, 4, 5		

Resp: **130** a) {1, 23}; 2   b) {1, 29}; 2   c) {1, 47}; 2   d) {1, 2, 7, 14}; 4   e) {1, 2, 11, 22}; 4   f) {1, 3, 7, 21};4
g) {1, 3, 9}; 3   h) {1, 5, 25}; 3   i) {1, 7, 49}; 3   j) {1, 2, 3, 6, 7, 14, 21, 42}; 8   k) {1, 3, 7, 9, 21, 63}; 6
l) {1, 2, 3, 4, 6, 8, 12, 16, 24, 48}; 10   **131** a) {1, 2, 5, 7, 10, 14, 35, 70}   b) {1, 3, 5, 7, 15, 21, 35, 105}
c) {1, 2, 3, 6, 9, 18, 27, 54}   d) {1, 2, 3, 4, 5, 6, 10, 12, 15, 20, 30, 60}

5º modo Divisões sucessivas (**Algoritmo de Euclides**)

Dividimos o maior pelo menor. Se o resto for **zero**, o mdc é o menor deles.

Se o resto não for zero, dividimos o divisor pelo resto obtido. Repetimos até encontrarmos resto zero. Então o **mdc** será o último divisor usado.

1) 80 e 60 (Na divisão não podemos cortar zeros. O resto fica alterado).

$$\begin{array}{c|c} 80 & 60 \\ \hline \boxed{20} & 1 \end{array} \quad \begin{array}{c|c} 60 & 20 \\ \hline 0 & 3 \end{array} \quad \text{Resto zero} \Rightarrow \text{mdc}(60, 80) = \boxed{20}$$

2) 144 e 112

$$\begin{array}{c|c} 144 & 112 \\ \hline \boxed{32} & 1 \end{array} \quad \begin{array}{c|c} 112 & 32 \\ \hline \boxed{16} & 3 \end{array} \quad \begin{array}{c|c} 32 & 16 \\ \hline 0 & 2 \end{array} \quad \text{Resto zero} \Rightarrow \text{mdc}(144, 112) = \boxed{16}$$

Dispositivo prático (Observar onde estão os quocientes e os restos)

1)

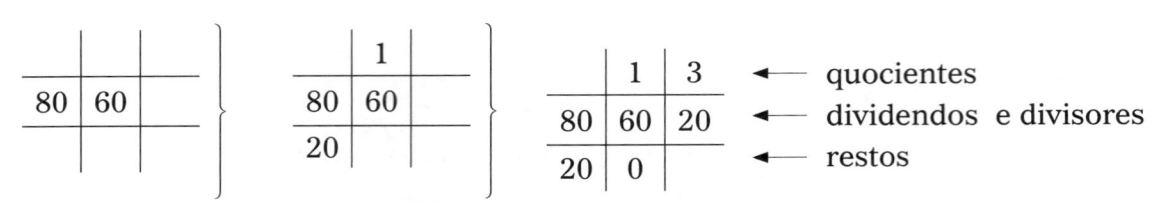

	1	3	← quocientes
80	60	20	← dividendos e divisores
20	0		← restos

O último divisor é o mdc ⇒ mdc (80, 60) = 20

2)

	1	3	2
144	112	32	16
32	16	0	

← quocientes
← dividendos e divisores
← restos

mdc (144, 112) = 16

---

134 Em cada caso são dados dois ou mais números pequenos, pensando na tabuada, determinar o conjunto dos divisores naturais de cada um deles, o conjunto dos divisores naturais comuns e o máximo divisor comum (mdc) deles.

a) 25 e 35

b) 9 e 49

c) 18, 24, 42

135 Pensando na tabuada determinar mentalmente e escrever o resultado, o máximo divisor comum dos números dados, nos casos:

a) 10 e 15	b) 5 e 7	c) 4, 5 e 6
d) 8, 10 e 15	e) 10, 14 e 22	f) 12, 20 e 28
g) 9, 15 e 21	h) 21, 35 e 42	i) 16, 24 e 40
j) 16, 24 e 28	k) 25, 40 e 55	l) 24, 36 e 42

136 Em cada caso os números a, b, ... já estão dados na forma fatorada. Determinar o **mdc** desses números. Deixar o resultado na forma fatorada

a) $a = 2^3 \cdot 3^4 \cdot 5, b = 3^5 \cdot 5^2 \cdot 7$

b) $a = 2 \cdot 3^2, b = 5^3 \cdot 7^4, c = 3^2 \cdot 5^2$

c) $a = 2^2 \cdot 3^2, b = 2^3 \cdot 5, c = 2^4 \cdot 3$

d) $a = 2 \cdot 3^2 \cdot 5^3, b = 2^2 \cdot 3 \cdot 5^2, c = 2^4 \cdot 3^2 \cdot 5$

137 Em cada caso decomponha o número em fatores primos, escreva-os na forma fatorada e determine o máximo divisor comum (**mdc**) deles.

a) 180, 270, 300

b) 672, 756, 720

Resp: **132** a) 24   b) 24   c) 60   d) 72   **133** a) nd (180) = 18; {1, 2, 3, 4, 5, 6, 9, 10, 12, 15, 18, 20, 30, 36, 45, 60, 90, 180}
b) nd(600) = 24; {1, 2, 3, 4, 5, 6, 8, 10, 12, 15, 20, 24, 25, 30, 40, 50, 60, 75, 100, 120, 150, 200, 300, 600}

138 Fazendo divisões simultâneas dos números dados por um maior divisor comum, mentalmente observado, e repetindo o processo com os quocientes obtidos, até que o **mdc** dos quocientes seja 1, determinar o **mdc** dos números, nos casos:

a) 60 e 84

b) 84 e 126

c) 42 e 70

d) 240, 270 e 360

e) 320, 440 e 520

f) 672, 756 e 720

g) 512, 496 e 624

139 Fazendo divisões sucessivas (algaritmo de Euclides), usando o dispositivo prático, determinar o **mdc** dos números dados, nos casos:

a) 96 e 84

b) 75 e 50

c) 108 e 84

d) 56 e 35

140 Para determinar o **mdc** de dois números pelo algoritmo de Euclides, utilizando o dispositivo prático, foram obtidos quocientes, divisores e resto como indicados no dispositivo. Determinar os dois números em questão, nos casos:

Lembrete:

$$\left.\begin{array}{c}\dfrac{\text{Dividendo}\,|\,\text{divisor}}{\text{Resto}\;\;\;|\,\text{Quociente}}\end{array}\right\} \Rightarrow D = Qd + R \quad \text{ou} \quad \left.\begin{array}{c}\begin{array}{c|c} & Q \\ \hline D & d \\ \hline R & \end{array}\end{array}\right\} \Rightarrow D = Q \cdot d + R$$

a)

	1	3	3
			4
	0		

b)

	3	1	2
			6
	0		

c)

	4	2	3
			5
	0		

d)

	1	4	3	1	2
					8
		0			

e)

	1	2	1	7	5
					4
		0			

8 – Números primos entre si

Se **dois** números têm apenas o 1 como divisor natural, eles são chamados **primos entre si**. O mdc deles é 1.

Exemplos: 1) 8 e 9. D(8) = {1, 2, 4, 8}, D(9) = {1, 3, 9}.
mdc (8, 9) = 1 ⇒ 8 e 9 são primos entre si.

2) 14 e 15. D(14) = {1, 2, 7, 14}, D(15) = {1, 3, 5, 15}.
mdc (14,15) = 1 ⇒ 14 e 15 são primos entre si.

No caso de três ou mais números naturais, se o **mdc** entre eles for 1, eles também são chamados primos entre si, embora dois deles possam não ser **primos entre si**. No caso de três ou mais números, se todos os pares forem de primos entre si, além de primos entre si, eles são chamados **primos dois a dois**.

Exemplos: 1) 6, 8 e 13. Como mdc deles é 1, eles são primos entre si, mas como 6 e 8 não são primos entre si, eles não são primos dois a dois.

2) 4, 9 e 35. São **primos entre si** e primos **dois a dois**.

141 Classificar com S (sim) ou N (não), se os números dados são ou não primos entre si

a) ( ) 12 e 25	b) ( ) 12 e 15	c) ( ) 13 e 23
d) ( ) 20, 12 e 9	e) ( ) 12, 35 e 28	f) ( ) 7, 29 e 43
g) ( ) 18, 24 e 9	h) ( ) 14, 31 e 35	i) ( ) 20, 27, 30

Resp: **134** a) d(25) = {1, 5, 25}, d(35) = {1, 5, 7, 35}; dc (25,35) = {1,5} ⇒ mdc = 5 b) d(9) = {1, 3, 9}, d(49) = {1, 7, 49}; dc (9, 29) = {1} ⇒ mdc = 1
c) 6   **135** a) 5   b) 1   c) 1   d) 1   e) 2   f) 4   g) 3   h) 7   i) 8   j) 4   k) 5   l) 6
136 a) $3^4 \cdot 5$ b) 1   c) 2^2 d) $2 \cdot 3 \cdot 5$ **137** a) 30   b) 12

142 Em cada caso são dados alguns números, classificar com (1), se eles forem primos, com (2) se forem primos entre si e com (3) se eles forem dois a dois.

a) 11, 17 e 23 ( )	b) 13, 27 e 29 ( )
c) 16, 27 e 30 ( )	d) 31, 33, 41 e 43 ( )
e) 12, 14 e 21 ( )	f) 8, 15 e 77 ( )
g) 24 e 35 ( )	h) 53 e 91 ( )

9 – Mínimo múltiplo comum (mmc)

O menor (mínimo) múltiplo comum (mmc) de dois ou mais números naturais é o menor número natural, diferente de zero, que é múltiplo desses números dados.

Há vários modos de determinarmos o mínimo múltiplo comum (mmc) de dois ou mais números naturais. Vejamos alguns.

1º modo Determinamos os múltiplos naturais e tomamos o menor dos comuns, diferente de zero.

1) 6 e 8. m (6) = {0, 6, 12, 18, 24, 30, 36, 42, 48, ...}

m (8) = {0, 8, 16, 24, 32, 40, 48, 56, ...}

mc = {0, 24, 48, ...} ⇒ mmc (6, 8) = 24

2º modo Pensamos nos múltiplos do maior e tomamos o menor deles, diferente de zero, que também é múltiplo dos outros. Este método é o mais usado na prática.

1) 8, 10 e 16.   m (16) = {0, 16, 32, 48, 64, 80, ...} ⇒ mmc = 80

2) 6, 8, 12.   m (12) = {0, 24, ...} ⇒ mmc = 24

3º modo Decompomos os números em fatores primos, escrevemos cada um na forma da multiplicação de potências e tomamos para o mmc todos os números primos da decomposição, sem repetição, com o maior expoente com que ele aparece.

1) 18 e 24

18	2		24	2
9	3		12	2
3	3		6	2
1			3	3
			1	

$18 = 2 \cdot 3^2$, $24 = 2^3 \cdot 3$ ⇒
mmc = $2^3 \cdot 3^2 = 2 \cdot 2 \cdot 2 \cdot 3 \cdot 3 = \boxed{72}$

2) 20, 25 e 30

20	2	25	5	30	2
10	2	5	5	15	3
5	5	1		5	5
1				1	

$20 = 2^2 \cdot 5$, $25 = 5^2$, $30 = 2 \cdot 3 \cdot 5$ ⇒
mmc = $2^2 \cdot 3 \cdot 5^2 = 2 \cdot 2 \cdot 3 \cdot 5 \cdot 5 = \boxed{300}$

4º modo Decomposição simultânea dos números dados

1) 12, 15, 18 | 2
     6, 15, 9

    12, 15, 18 | 2
     6, 15, 9 | 2
     3, 15, 9 | 3
     1, 5, 3 | 3
     1, 5, 1 | 5
     1, 1, 1

    mmc = 2 · 2 · 3 · 3 · 5
    mmc = 180

143 Em cada caso escrever os conjuntos dos múltiplos naturais de cada número, escrever o conjunto dos múltiplos comuns e determinar o mínimo múltiplo comum (**mmc**) dos números dados.

a) 4 e 6

b) 6, 9 e 12

144 Em cada caso escrever apenas os múltiplos naturais do maior dos números dados e escolher o menor, não nulo, que seja também múltiplo dos outros, para determinar o **mmc** dos números dados.

a) 4 e 6 ⇒

b) 6, 9 e 12 ⇒

c) 8, 12 e 16 ⇒

d) 2, 3, 4, 6 e 8 ⇒

e) 3, 4, 5, 10 e 15 ⇒

f) 3, 6, 8, 9, 18 ⇒

g) 3, 5, 6 e 12 ⇒

Resp: **138** a) 12 b) 42 c) 14 d) 30 e) 40 f) 12 g) 16   **139** a) 12 b) 25 c) 12 d) 7
140 a) 52 e 40   b) 66 e 18   c) 155 e 35   d) 464 e 376   e) 636 e 472
141 a) S b) N c) S d) S e) S f) S g) N h) S i) S

81

145 Em cada caso os números a, b, ... já estão dados na forma fatorada. Determinar o mínimo múltiplo comum (mmc) desses números. Deixar o resultado na forma fatorada.

a) $a = 2 \cdot 3^2 \cdot 5$, $b = 3 \cdot 5^3 \cdot 7 \Rightarrow$ mmc (a,b) =

b) $a = 2 \cdot 5^2$, $b = 2^3 \cdot 7$, $c = 5 \cdot 7$

c) $a = 2^5 \cdot 7$, $b = 3^2 \cdot 7^3$, $c = 13$

146 Decompondo cada número em fatores primos, determinar o mínimo múltiplo comum (**mmc**) dos números dados, nos casos:

a) 18, 24 e 45

b) 12, 15 e 40

147 Utilizando o método da decomposição simultânea, determinar o mínimo múltiplo comum (**mmc**) dos números dados, nos casos:

a) 1, 15, 10

b) 6, 14, 21

c) 9, 18, 27

d) 12, 18, 24, 36

e) 20, 30, 50, 75

148 Em cada caso são dados dois números primos entre si; determinar o mínimo múltiplo comum (mmc) e máximo divisor comum (mdc) deles.

a) 5 e 7

b) 6 e 5

c) 10 e 49

d) 7 e 13

e) 8 e 15

f) 6 e 35

149 Determinar mentalmente, e escrever, o mdc e o mmc dos números dados, nos casos:

a) 4 e 6

b) 6, 8 e 12

c) 8, 16 e 24

d) 10, 15 e 30

e) 2, 3, 5, 6 e 10

f) 3, 4, 6, 8 e 12

g) 20, 30, 40 e 60

h) 30, 45, 60 e 90

i) 12, 24, 36 e 48

Duas propriedades

I) Se dois números são primos entre si, então o máximo divisor comum (mdc) deles é 1 e o mínimo múltiplo comum (mmc) deles é igual ao produto deles.

a e b são primos entre si $\Rightarrow$ mdc (a,b) = 1 e mmc (a,b) = a · b

Exemplos: 1) 5 e 7 $\Rightarrow$ mdc (5,7) = 1 e mmc (5, 7) = 5 · 7 = 35

2) 4 e 9 $\Rightarrow$ mdc (4, 9) = 1 e mmc (4, 9) = 4 · 9 = 36

II) O produto do mdc pelo mmc de dois números é igual ao produto desses números.

$[\text{mdc } (a,b)] \cdot [\text{mmc } (a,b)] = a \cdot b$

Exemplos: 1) 6 e 8 : mdc(6, 8) = 2 e mmc (6,8) = 24 $\Rightarrow$ $2 \cdot 24 = 6 \cdot 8$

2) 6 e 15 : mdc (6, 15) = 3 e mmc (6, 15) = 30 $\Rightarrow$ $3 \cdot 30 = 6 \cdot 15$

Resp: **142** a) (1, 2, 3) b) (2, 3) c) (2) d) (2, 3) e) (2) f) (2, 3) g) (2, 3) h) (2, 3)
143 a) 12 b) 36 **144** a) 12 b) 36 c) 48 d) 24 e) 60 f) 72 g) 60

150 Determinar o mdc e o mmc, nos casos:

a) mdc (3, 5) =	b) mdc (1, 15) =	c) mdc (6, 7) =
mmc (3, 5) =	mmc (1, 15) =	mmc (6,7) =
d) mdc (2, 21) =	e) mdc (3, 14) =	f) mdc (1, 42) =
mmc (2, 21) =	mmc (3,14) =	mmc (1,42) =
g) mdc (7,10) =	h) mdc (5,14) =	i) mdc (1,70) =
mmc (7,10) =	mmc (5,14) =	mmc (1,70) =
j) mdc (2,35) =	k) mdc (5,7) =	l) mdc (1,35) =
mmc (2,35) =	mmc (5, 7) =	mmc(1,35) =

151 Sejam a e b dois números naturais. Determinar o que se pede, nos casos:

a) Se mdc(a, b) = 5 e mmc (a, b) = 60, determinar o produto de a por b.

b) Se a = 12 e b = 18, determinar o produto de mdc (a, b) por mmc (a, b), sem calculá-los.

c) Se a = 14, mdc (a, b) = 7 e mmc (a, b) = 42, determinar b.

152 Em cada caso os números **a** e **b** são primos entre si. Determinar o que se pede.

a) Se a = 5 e mmc (a, b) = 35 determinar b.

b) Se a = 13 e mmc (a, b) = 143, determinar b.

c) Se a = 4 e mmc (a, b) = 60, determinar b.

153 Se dois números são primos entre si, dado o **mmc** deles, determinar estes números, nos casos:

a) mmc = 42

b) mmc = 60

10 – Problemas

Vamos ver alguns exemplos de problemas envolvendo múltiplos, divisores, múltiplos e divisores comuns e mínimo múltiplo comum (mmc) e máximo divisor comum (mdc) de números naturais.

Exemplo 1: Um saco contém 170 laranjas.

a) É possível colocá-las em caixas de 12 laranjas cada, sem que haja sobras?

b) Qual é o número mínimo de laranjas que devemos acrescentar às 170 para que seja possível acomodá-las em caixas de 12, sem sobras?

c) Sem que haja sobras, no saco com 170, quantas laranjas devemos colocar em cada embalagem, em números iguais, para que o número de embalagens esteja entre 20 e 50?

Resolução:

a) 170 | 12
   50   14
   2

Obtemos 14 caixas com 12 laranjas cada e sobram 2
Não é possível, pois 12 não é divisor de 170

b) Como o resto da divisão é 2, devemos somar 10 ao 170 para obter múltiplo de 12. Devemos acrescentar 10. Desta forma vamos obter 15 caixas com 12 laranjas cada. $15 \cdot 12 = 180 = 170 + 10$.

c) Vamos verificar se há divisor de 170 entre 20 e 50.

170	2	1
85	5	2
17	17	5, 10
1		17, 34, 85, 170

$D(170) = \{1, 2, 5, 10, 17, 34, 85, 170\}$

34 é divisor de 170 e está entre 20 e 50

170 | 34
 0 | 5   } 34 embalagem com 5 laranjas cada.

Resposta: a) Não   b) 10   c) 5

Exemplo 2: Determinar os números naturais que;

a) são maiores que 15 e quando divididos por 7 deixam resto 5.

b) estão entre 100 e 150 e quando divididos por 23 deixam resto 10.

Resolução:

a) $M(7) = \{0, 7, 14, 21, 28, 35, 42, 49, ...\}$.

Somando 5 a cada um deles obtemos os números que divididos por 7 deixam resto 5:
$\{5, 12, 19, 26, 33, 40, 47, 54, ...\}$. Os que são maiores que 15 são: $\{19, 26, 33, 40, 47, 54, ...\}$

b) $M(23) = \{0, 23, 46, 69, 92, 115, 138, 161, 184, ...\}$.

Somando 10 a cada um deles obtemos os números que divididos por 23 deixam resto 10:
$\{10, 33, 56, 79, 102, 125, 148, 171, 194, ...\}$. Os que estão entre 100 e 150 são: $\{102, 125, 148\}$

Resposta: a) $\{19, 26, 33, 40, 47, ...\}$ b) $\{102, 125, 148\}$

Resp: **145** a) $2 \cdot 3^2 \cdot 5^3 \cdot 7$ b) $2^3 \cdot 5^2 \cdot 7$ c) $2^5 \cdot 3^2 \cdot 7^3 \cdot 13$ **146** a) 360   b) 120   **147** a) 30   b) 42   c) 54   d) 72   e) 300   **148** a) 1; 35   b) 1; 30   c) 1; 490   d) 1; 91   e) 1; 120   f) 1; 210   **149** a) 2; 12   b) 2; 24   c) 8; 48   d) 5; 30   e) 1; 30   f) 1; 24   g) 10; 120   h) 15; 180   i) 12; 144

Exemplo 3: Um fio rígido de 30 cm deve ser cortado em pedaços de um mesmo número inteiro de cm. Dizer de quantas formas isto pode ser feito e quantos pedaços de cada tamanho teremos em cada caso, sem que haja sobra.

Resolução: Obtemos pedaços iguais somente quando o fio for dividido por divisores de 30, caso contrário haverá sobra.

		1
30	2	2
15	3	3, 6
5	5	5, 10, 15, 30
1		

D (30) = {1, 2, 3, 5, 6, 10, 15, 30}

Para que haja cote, e os pedaços em cada caso sejam iguais, devemos dividi - lo por 2, 3, 5, 6, 10, 15 ou por 30. Temos então 7 formas diferentes para dividi - lo e vamos obter, 2 pedaços de 15 cm ou 3 de 10 cm ou 5 de 6 cm ou 6 de 5 cm ou 10 de 3 cm ou 15 de 2 cm ou 30 pedaços de 1 cm.

Resposta: 7 formas. 2 de 15 cm, 3 de 10 cm, 5 de 6 cm, 6 de 5 cm, 10 de 3 cm, 15 de 2 cm ou 30 pedaços de 1 cm cada.

Exemplo 4: Dona Rute tem sobre uma mesa 288 bombons e 264 balas. Ela quer fazer mais que 10 saquinhos, cada um com os dois tipos de doces, de modo que os saquinhos tenham números iguais de bombons e números iguais de balas, sem sobrar bombons e balas sobre a mesa. Determinar o número de saquinhos e quantos bombos e balas terão cada um.

Resolução: 1) Vamos determinar os divisores comuns de 288 e 264. Basta determinar o mdc e os divisores dele.

288, 264	2
144, 132	2
72, 66	6
12, 11	

mdc (288, 264) = 2 · 2 · 6 = 24

d(24) = { 1, 2, 3, 4, 6, 8, 12, 24}

dc (288, 264) = {1, 2, 3, 4, 6, 8, 12, 24}

2) Como Dona Rute quer um número maior que 10 de saquinhos, podemos dividir os doces em 12 ou 24 saquinhos.

288 = 24 · 12 e 264 = 24 · 11 ⇒ 24 saquinhos com 12 bombons e 11 balas.

288 = 12 · 24 e 264 = 12 · 22 ⇒ 12 saquinhos com 24 bombons e 22 balas.

Obs.: Estas duas linhas de cima são equivalentes as divisões de 288 e 264 por 24 e por 12.

Resposta: 24 saquinhos com 12 bombons e 11 balas ou 12 saquinhos com 24 bombons e 22 balas.

Exemplo 5: Determinar o maior número pelo qual devemos dividir 419 e 763 para que os restos obtidos sejam, respectivamente 19 e 13.

Resolução: 1) Tirando os respectivos restos do números, obtemos números que serão múltiplos do número a ser determinado

419 − 19 = 400, 763 − 13 = 750 ⇒ 400 e 750 são múltplos do número que queremos determinar.

2) Vamos determinar o mdc de 400 e 750.

400, 750	10
40, 75	5
8, 15	

mdc (400, 750) = 5 · 10 = 50

Dividindo 400 e 750 por 50 obtemos 8 e 15 e restos 0.

Dividindo 419 e 763 por 50 os restos serão 19 e 13.

Obs.: Como d(50) = {1, 2, 5, 10, 25, 50}, dividindo 419 e 763 por qualquer um deles, que for maior que 19, no caso 25 ou 50, vamos obter restos 19 e 13. O maior é 50.

Resposta: 50

Exemplo 6: Dois canos, um de 280 cm e outro de 525 cm, devem ser cortados em pedaços de medidas iguais, com o maior comprimento possível, sem haver sobras. Quantos pedaços vamos obter e qual é o tamanho de cada um?

Resolução: Para que não haja sobra, o tamanho de cada pedaço tem que ser, em cm, um divisor comum de 280 e 525. Como o comprimento é o maior possível, o comprimento tem que ser, em cm, o mdc de 280 e 525

280, 525	5
56, 105	7
8, 15	

mdc (280, 525) = 5 · 7 = 35

280 = 8 · 35 e 525 = 15 · 35 ⇒ Cada pedaço tem

35 cm, num total de 8 + 15 = 23 pedaços.

Resposta: 23 pedaços de 35 cm.

Exemplo 7: João visita sua avó Joana de 6 em 6 dias e Paulo a visita de 8 em 8 dias. Em 3 de fevereiro João e Paulo estiveram juntos na casa do avó. Em que dias foram os encontros, imediatamente anterior e posterior a este, que tiveram na casa da avó?

Resolução: João de 6 em 6 e Paulo de 8 em 8, temos que determinar o mmc de 6 e 8.

6, 8	2
3, 4	2
3, 2	2
3, 1	3
1, 1	

mmc (6, 8) = 24

Eles estão juntos na casa da avó de 24 em 24 dias

3 de fevereiro ⇒ 3 + 24 = 27 de fevereiro

24 − 3 = 21 ⇒ 31 − 21 = 10 ⇒ 10 de janeiro.

Resposta: 10 de janeiro e 27 de fevereiro do mesmo ano

Exemplo 8: Em uma Árvore de Natal há 3 luzes de cores especiais tais que uma pisca de 30 em 30 segundos, outra de 40 em 40 segundos e a terceira de 48 em 48 segundos. Em um determinado instante, as três piscam simultaneamente. De quantas em quantos minutos isto ocorrerá?

Resolução: Vamos determinar o mmc dos intervalos de 30, 40 e 40.

30, 40, 48	2
15, 20, 24	2
15, 10, 12	2
15, 5, 6	2
15, 5, 3	3
5, 5, 1	5
1, 1, 1	

mmc = 2 · 2 · 2 · 2 · 3 · 5 = 240

A cada 240 s elas piscam simultaneamente.

240 s : 60 = 4 min.

De 4 em 4 minutos elas piscam simultaneamente.

Resposta: De 4 em 4 min.

Exemplo 9: Qual é número mínimo de soldados de um batalhão, para que passam ser contados de 15 em 15 ou de 10 em 10?

Resolução: É o mmc de 10 e 15.

mmc (10,15) = 30

Resposta: 30 soldados.

Resp: **150** a) 1; 15   b) 1; 15   c) 1; 42   d) 1; 42   e) 1; 42   f) 1; 42   g) 1; 70   h) 1; 70   i) 1;70
j) 1; 70   k) 1; 35   l) 1; 35   **151** a) 300   b) 216   c) 21   **152** a) 7   b) 11   c) 15
153 a) 1 e 42 ou 2 e 21 ou 3 e 14 ou 6 e 7   b) 1 e 60 ou 3 e 20 ou 4 e 15 ou 5 e 12

Exemplo 10: É possível haver em uma cesta um número de limões tal que contados de 10 em 10 deixa resto 4 e contados de 8 em 8 deixa resto 3?

Resolução: 1) M(10) = {0, 10, 20, 30, 40, 50, ...}. Somando 4 a cada um, obtemos os números que divididos por 10 deixam resto 4:

São eles: 4, 14, 24, 34, 44, 54, 64, ...

2) M(8) = {0, 8, 16, 24, 32, 40, 48, 56, ...}. Somando 3 a cada um, obtemos os números que divididos por 8 deixam resto 3:

São eles: 3, 11, 19, 27, 35, 43, 51, 59, ...

Note que nenhum número que dividido por 8 e deixa resto 3, termina em 4, que é o que deve ocorrer para dividir por 10 e deixar resto 4.

Então não é possível

Resposta: Não é possível.

Exemplo 11: Qual é o menor número de bolinhas de gude que deve haver em uma caixa para que agrupadas de 6 em 6 sobram 2, agrupadas de 8 em 8 sobram 4 e agrupadas de 9 em 9 sobram 5?

Resolução: M (6) = {0, 6, 12, 18, 24, 30, 36, 42, 48, 54, 60, 66, 72, 78, ...}

M (8) = {0, 8, 16, 24, 32, 40, 48, 56, 64, 72, 80, ...}

M (9) = {0, 9, 18, 27, 36, 45, 54, 63, 72, 81, ...}

Somando 2, 4 e 5, respectivamente, aos múltiplos de 6, 8 e 9, obtemos:

{2, 8, 14, 20, 26, 32, 38, 44, 50, 56, 62, 68, 74, ...},

{4, 12, 20, 28, 36, 44, 52, 60, 68, 76, 84, ...} e

{5, 14, 23, 32, 41, 50, 59, 68, 77, 86, ...}

Note que 68 dividido por 6 deixa resto 2, por 8 deixa resto 4 e por 9 deixa resto 5.

Resposta: 68

Exemplo 12: Com paralelepípedos retângulos com dimensões de 4 cm, 6 cm e 8 cm queremos, por sobreposições construir o menor cubo possível. Quantos paralelepípedos serão necessários?

Resolução:

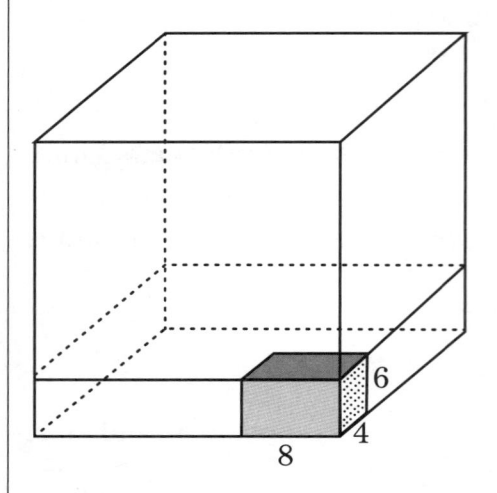

1) Cada a resta do cubo tem que ser divisível por 4, 6 e 8. Devemos, então determinar o mínimo múltiplo comum de 4, 6 e 8 mmc (4, 6, 8) = 24.

2) Como queremos o menor cubo, a sua aresta será o mmc = 24.

3) 24 : 8 = 3 e 24 : 4 = 6 ⇒ Na primeira camada vamos ter 3 · 6 = 18 paralelepípedos.

4) 24 : 6 = 4 ⇒ Temos 4 camadas de 18. Números de paralelepípedos é 4 · 18 = 72.

Resposta: 72

Exemplo 13: A fim de cercar um terreno triangular com lados de 150 m, 210 m e 240 m, serão colocados estacas, igualmente espaçadas, sobre os lados, e também uma estaca em cada vértice. Se as distâncias entre duas estacas consecutivas, sobre um lado é a maior possível, quantas estacas serão necessárias?

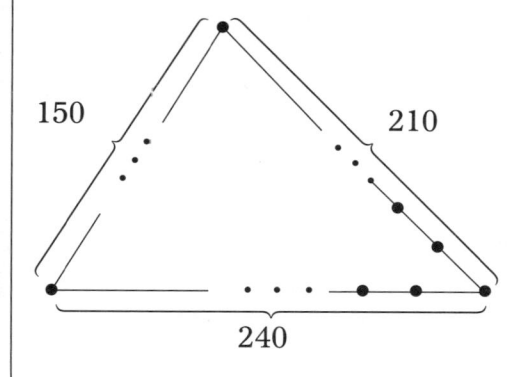

1) O número de espaços entre duas estacas consecutivas tem que ser divisor de 150, 210 e 240. Como a distância é a maior possível entre estacas consecutivas, temos que determinar o mdc dos lados.

$$\begin{array}{ccc|c} 150, & 210, & 240 & 10 \\ 15, & 21, & 24 & 3 \\ 5, & 7, & 8 & \end{array}$$

mdc = 30 ⇒ O espaço entre duas estacas consecutivas é de 30 m.

2) Vamos determinar os números de espaços em cada lado:

150 : 30 = 5, 210 : 30 = 7 e 240 : 30 = 8

3) Sem contar as estacas dos vértices, para dividir os lados em 5, 7 e 8 espaços, serão necessárias, respectivamente, 4, 6 e 7 estacas. Então o número de estacas será 4 + 6 + 7 = 17 (sobre os lados) e mais 3 (uma em cada vértice), totalizando 20. Ou então, quando a linha é fechada, o número de estacas coincide com o número de espaços: 5 + 7 + 8 = 20.

Resposta: 20

Exemplo 14: Osvaldo tem um terreno retangular de 270 m por 480 m e ele quer plantar árvores sobre o terreno, em filas paralelas aos lados o mais afastadas possível uma fila da vizinha, mas com as distâncias entre filas vizinhas sempre iguais. Osvaldo quer que haja árvores nos vértices, nos lados e uma no centro do terreno. Quantas árvores serão plantadas?

Resolução: 1) A distância entre as filas tem que ser divisor de 270 e 480.

Vamos começar com o mdc:

$$\begin{array}{cc|c} 270, & 480 & 10 \\ 27, & 48 & 3 \\ 9 & 16 & \end{array}$$

mdc = 30 ⇒ 9 distâncias de 30 m. e 16 distâncias de 30 m.

Note que em 9 espaços de 30 m não vai haver árvore no centro.

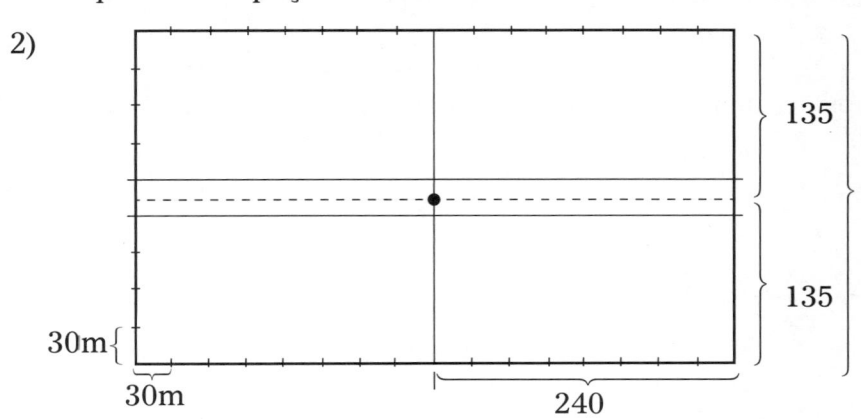

2) Vamos então determinar o mdc entre 135 e 240, para garantir que haja árvore no centro do terreno.

$$\begin{array}{cc|c} 135, & 240 & 3 \\ 45, & 80 & 5 \\ 9, & 16 & \end{array}$$

mdc = 15 ⇒ A distância entre as filas é de 15m

3) 270 : 15 = 18 ⇒ 19 filas, 480 : 15 = 32 ⇒ 33 filas

4) Serão plantadas 19 · 33 = 627 árvores.

Resposta: 627

154 Uma caixa contém 510 bolas de tênis.

a) Qual é o número mínimo de bolas que devemos acrescentar às 510 para que possamos contá-las de 25 em 25?

b) Sem que haja sobras, na caixa com 510 bolas, quantas bolas devemos colocar em cada embalagem, em números iguais, para que o número de embalagens esteja entre 40 e 80?

---

155 Determinar os números naturais que estão entre 140 e 170 que divididos por 17 deixam resto 13.

---

156 Raimundo tem um rolo de 210m de corda. Ele quer cortar em pedaços de tamanho iguais, sem que haja sobra, com o número de pedaços entre 40 e 50. Quantos são os pedaços e qual o tamanho de cada um?

---

157 Qual o menor número de alunos de uma sala, para que possam ser contados de 4 em 4, de 5 em 5 e de 6 em 6, exatamente?

158 Dona Ana (Donana) tem duas cestas, uma com 150 peras e outra com 240 maçãs. ela quer obter o maior número possível de embalagens com estas frutas, de modo que todas as embalagens tenham o mesmo número de peras e o mesmo número de maças. Quantas serão as embalagens e quantas maças e quantas peras terá cada uma?

159 Determinar o maior número pelo qual devemos dividir 333 e 423 para que os restos obtidos sejam, repectivamente 21 e 15.

160 Três barras de ferro de 72 cm, 120 cm e 168 cm devem ser cortadas em pedaços de medidas iguais, com o maior tamanho possível, sem que haja sobras. Determinar o tamanho de cada pedaço e quantos são eles.

161 O pai de Cláudio almoça de 9 em 9 dias em um restaurante e janta de 12 em 12 dias neste mesmo. Em um determinado dia ele almoçou e jantou neste reaturante. Há quantos dias isto havia ocorrido pela última vez?

162 Dona Nita tem 540 balas de limão, 720 balas de hortelã e 855 balas de leite. Ela vai colocar estas balas em saquinhos. Resolver:

a) Neste caso ela quer o maior número de saquinhos possível, sendo que cada um tem que ter os três sabores, e também os saquinhos têm que ter o mesmo número de balas de limão, o mesmo número de balas de hortelã e o mesmo número de balas de leite. Quantos são os saquinhos e quantas balas de cada tipo há em cada um?

b) Neste caso os saquinhos devem conter, em números iguais, o maior número possível de balas, sendo que cada um tem que conter apenas um dos sabores (ou limão, ou hortelã, ou leite). Determinar o número de saquinhos de cada sabor e quantos são eles no total?

Nos dois casos não deve sobrar balas fora de saquinhos.

163 Dona Nena, seu Alexandre e Dona Marina encontraram-se em 10 de março de um determinado ano em um mercado do bairro. Após os cumprimentos D. Nena falou que ia neste mercado de 12 em 12 dias. Seu Alexandre disse que ia de 15 em 15 dias e D. Marina disse que ia de 40 em 40 dias. Em qual dia deste ano foi o próximo encontro dos três neste mercado, sendo que metodicamente eles iam no mesmo horário?

164 No topo de torres situadas sobre os edifícios A e B de uma avenida há dois faróis. Um pisca a cada 12 s e o outro a cada 15 s. Em um dado instante os faróis piscam juntos. Depois de quantos segundos será a próxima vez que piscarão juntos?

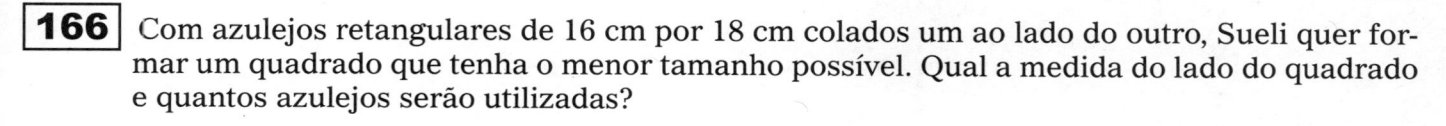

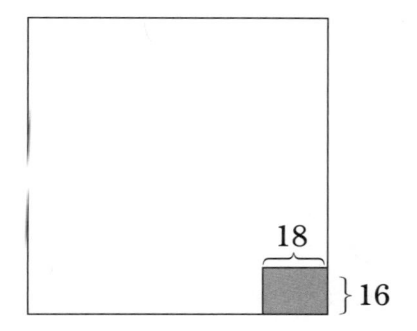

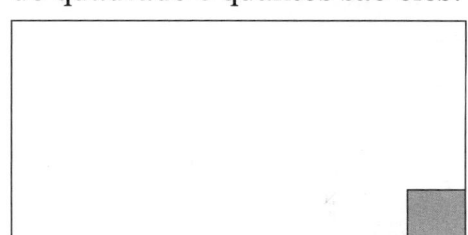

165 Qual é o número mínimo de bombons que deve ter em uma caixa para que contados de 13 em 13 sobrem 5 e contados de 16 em 16 sobrem 6?

166 Com azulejos retangulares de 16 cm por 18 cm colados um ao lado do outro, Sueli quer formar um quadrado que tenha o menor tamanho possível. Qual a medida do lado do quadrado e quantos azulejos serão utilizadas?

167 Uma artista quer dividir um painel retangular de 72 cm por 126 cm em um número exato de quadrados, de modo que o lado do quadrado seja o maior possível. Qual é a medida do lado do quadrado e quantos são eles?

Resp: **154** a) 25   b) 10   **155** 149 e 166   **156** 42 pedaços de 5 m   **157** 60
158 30 embalagens com 5 peras e 8 maçãs cada uma   **159** 24   **160** 15 peças de 24 cm   **161** Há 36 dias

168 Colocando um ao lado de outro e também em cima, queremos com blocos retangulares (paralelepípedos retângulos) com dimensões de 10 cm, 12 cm e 15 cm obter um cubo de menor aresta possível. Quanto mede a aresta deste cubo e quantos paralelepípedos serão necessários?

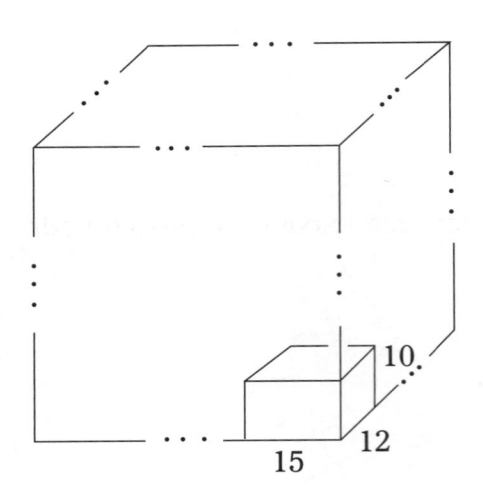

169 Um queijo tem a forma de um bloco retangular (paralelepípedo retângulo) com dimensões de 42 cm, 36 cm e 24 cm. Deseja-se cortá-lo por cortes paralelos as faces de modo que os pedaços obtidos sejam cubinhos de queijo em menor número possível. Determinar a aresto do cubo e quantos cubinhos serão obtidos.

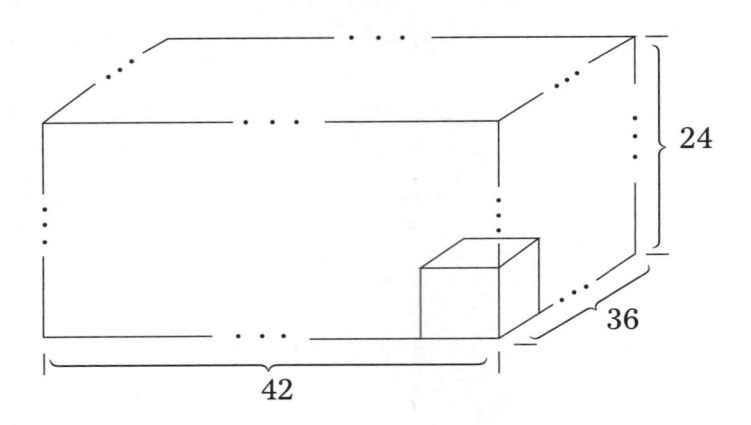

170 Um terreno triangular com lados de 240 m, 360 m e 400 m deve ser cercado e para isto serão colocados postes sobre os lados, igualmente espaçados e um poste em cada vértice. Se o número de postes deve ser o menor possível, qual é a distância entre dois poste consecutivos e quantos são eles?

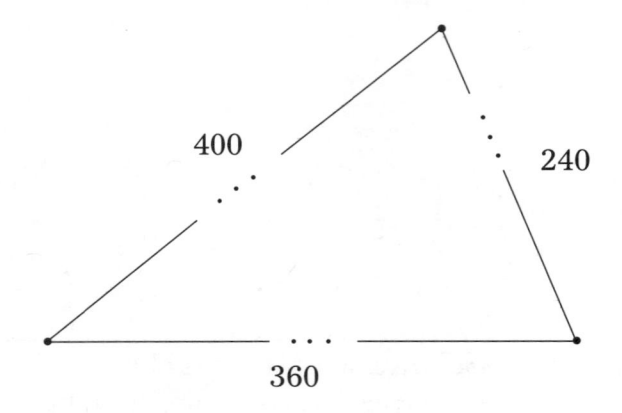

171 Zé Tula pretende cercar uma gleba retangular de 400 m por 336 m, de sua chácara, e para isto quer fincar postes nos vértices do retângulo e também nos seus lados de modo que os postes fiquem igualmente espaçados e em menor número possível.

a) Qual é a distância entre postes consecutivos e quantos são eles?

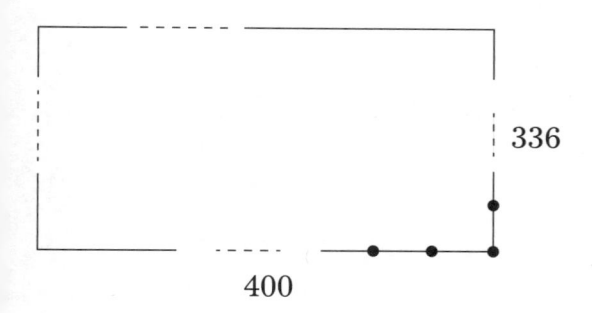

b) Satisfazendo todas as condições iniciais, mas querendo que ao fincar os postes, os pontos médios dos lados do retângulo também tenham postes, qual será a distância entre dois consecutivos e quantos serão eles?

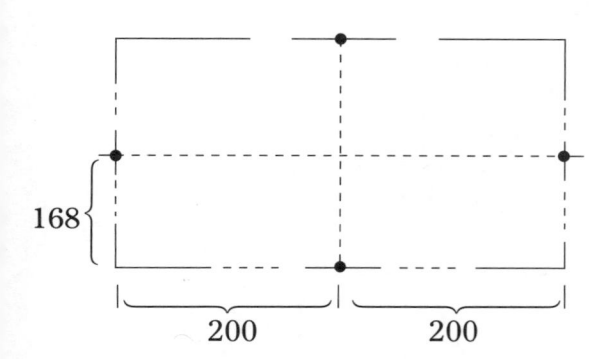

172 Seu Mateus quer plantar coqueiros no contorno de um terreno triangular com lados de 200 m, 250 m e 270 m, com um em cada vértice, um em cada ponto médio dos lados, igualmente espaçados e com a maior distância possível entre eles. Quantos serão plantados?

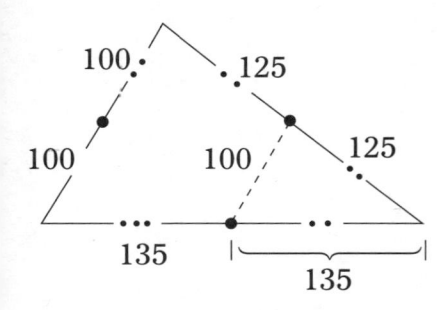

Resp: **162** a) 45, 12 de limão, 16 de hortelã e 19 de leite. São 45 saquinhos com 47 balas cada.
b) 12 de limão, 16 de hortelã, 19 de leite. São 47 saquinhos com 45 balas cada um. **163** 8 de julho **164** 60 s
165 70 bombons **166** 144 cm e 72 azulejos **167** 18 cm, 28 quadrados

173 Dois ciclistas, Paulo e Renato, largam juntos em uma pista oval, no mesmo sentido, com velocidades contantes, porém diferentes. Queremos saber:

I) Depois de quanto tempo, contando da largada, os dois passarão juntos pela primeira vez no ponto de largada e quantas voltas terão dado cada um?

II) Depois de quanto tempo após a largada o mais veloz ultrapassará o outro pela primeira vez?

Responder as questões nos casos, onde são dados os tempos em que Paulo e Renato completam cada volta.

a) Paulo 24 min. e Renato 16 min.

b) Paulo 18 min. e Renato 14 min.

c) Paulo 33 min. e Renato 24 min.

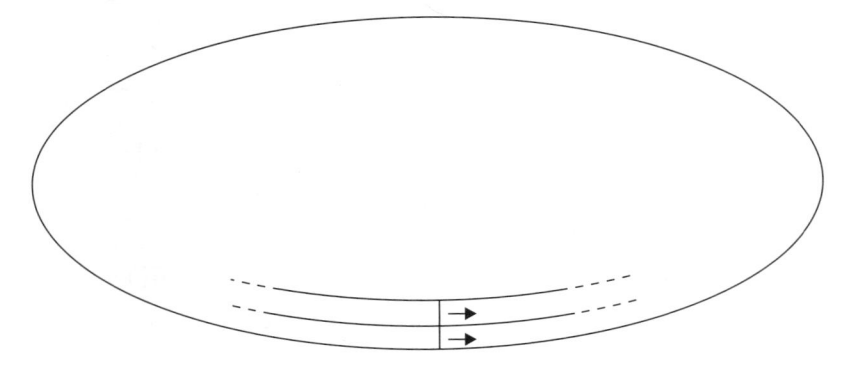

174 Resolver:

a) Determinar mmc (6, 8), mmc (8, 20), mmc (6, 8, 20) e comparar os resultados.
b) Determinar mdc (18, 12), mdc (12, 20), mdc (18, 12, 20) e comparar os resultados.
c) Determinar o mdc (8, 12), mdc (24, 36) e comparar os resultados.
d) Determinar o mmc (4,6), mmc (20, 30) e comparar os resultados.
e) mmc (a, b) = 108, mmc (b, c) = 168. Determinar mmc (a, b, c).
f) mdc (a, b) = 144, mdc (b, c) =198. Determinar mdc(a, b, c).
g) mdc (a, b) = 6. Determinar mdc (5a, 5b).
h) mmc (a, b) = 12. Determinar mmc (7a, 7b).
i) mdc (a, b) = 60. Determinar mdc (a : 3, b : 3).
j) mmc (a, b) = 250. Determinar mmc (a : 5, b : 5).
k) mdc (a, b) = 98, mdc (c, d) = 126. Determinar mdc (a, b, c, d).
l) mmc (a, b) = 504, mmc (c, d) = 756. Determinar mmc (a, b, c, d).

175 Se o mmc de 30.a e 35.b é 840, qual é o mmc de 18a e 21b?

176 Se o mdc de 28a e 63b é 2520, qual é o mdc de 20a e 45b?

177 Dividindo 1147 e 1043 por um número, obtemos restos, respectivamente, 13 e 17. Qual é o maior valor que este número pode assumir?

178 Qual é o menor número natural que dividido por 6, 7, 8 e 10 deixa resto 5?

179 Qual é o menor número de pessoas que deve ter uma sala para que agrupando - as de 10 em 10 sobram 2, de 13 em 13 sobram 4 e de 15 em 15 sobram 7?

180 Dividindo 320 e 277 por quais números, obtemos, respectivamente, restos 5 e 7?

181 Um número é múltiplo de 8, ele somado com 2 fica múltiplo de 10 e ele somando 3 fica múltiplo de 11. Quais o três primeiros números que satisfazem essas condições?

182 Em uma caixa há 168 botões brancos, 216 azuis e 240 vermelhos.
a) Dona Edite pensa em distribui-los em saquinhos de mesmo número de botões, cada um com botões de uma mesma cor, com o maior número de botões em cada saquinho. Quantos botões haverá em cada saquinho, quantos saquinhos de cada cor e quantos são os saquinhos?
b) Dona Ana pensa um pouco diferente. Ela quer distribui - los em um maior número possível de saquinhos contendo cada um todas as cores, onde todos tenham o mesmo número de brancos, o mesmo número de azuis e o mesmo número de vermelhos. Quantos são os saquinhos, quantos são os botões de cada cor por saquinho e quantos são os botões em cada saquinho?

183 Fermino, um empresário da construção civil, tem 60 barras de 12 m e 50 barras de 20 m, de ferro de meia polegada, que deverão ser cortadas em pedaços de mesmo tamanho, sendo este o maior possível. Qual o tamanho de cada pedaço e quantos são eles?

184 João e Maria vão ao mesmo cabeleiro. Ela a cada 28 dias e ele a cada 35 dias. Em 29 de fevereiro de um determinado ano eles foram juntos. Qual foi a próxima data em que foram juntos novamente?

185 Os ônibus da linha branca passam por um ponto A de 15 em 15min e os da linha vermelha a cada 28min. Eles passaram juntos às 9 horas. Qual o próximo horário em que passarão juntos novamente pelo ponto A?

Resp: **168** 60 cm, 120 paralelepípedos. **169** 6 cm, 168 cubinhos de queijo. **170** 40 m, 25 postes.
171 a) 16 m e 92 postes. b) 8 m e 184 postes. **172** 144

186 O pessoal do 6º ano organizou uma execursão para outra cidade. Quantas pessoas haviam na viagem, se podemos contar de 8 em 8 ou de 10 em 10?
Pede-se o menos números que satisfaz as condições do enunciado.

187 Duas pessoas, fazendo exercícios diários, partem simultaneamente de um mesmo ponto e, andando, contornam uma pista oval que circunda um jardim. Uma dessas pessoas dá uma volta completa em 12 minutos. A outra, andando mais devagar, leva 20 minutos para completar a volta. Depois de quantos minutos essas duas pessoas voltarão a se encontrar no mesmo ponto de partida? (ambas andando no mesmo sentido).

188 Um relógio A bate a cada 15 minutos, outro relógio B bate a cada 25 minutos, e um terceiro relógio C a cada 40 minutos. Qual é, em horas, o menor intervalo de tempo decorrido entre duas batidas simultâneas dos três relógios?

189 Três letreiros luminosos acendem em intervalos regulares. O primeiro a cada 20 segundos, o segundo a cada 24 segundos e o terceiro a cada 30 segundos. Se, em um dado instante, os três acenderem ao mesmo tempo, depois de quantos segundos os letreiros luminosos voltarão a acender simultaneamente?

190 A estação rodoviário de uma cidade é o ponto de partida de viagens intermunicipais. De uma plataforma da estação, a cada 15 minutos partem um ônibus da viação Sol, com destino a cidade Paraíso. Os ônibus da viação Lua partem da plataforma vizinho a cada 18 minutos, com destino a cidade Porta do Céu. Se, às 8 horas os dois ônibus partirem simultaneamente, a que horas os dois ônibus partirão novamente juntos?

191 De um aeroporto partem, todos os dias, três aviões que fazem rotas internacionais. O primeiro avião faz rota em 4 dias, o segundo em 5 dias e o terceiro, em 10 dias. Se, certo dia, os três aviões partirem simultaneamente, depois de quantos dias esses aviões partirão novamente no mesmo dia?

192 Ao separar o total de suas figurinhas, em grupos de 12, de 15 e 20, Caio observou que sobravam sempre 7 figurinhas fora dos grupos. Se o total de figurinhas for compreendido entre 200 e 300, qual será a soma dos algarismo do número de figurinhas de Caio?

193 Numa classe há 28 meninos e 21 meninas. A professora quer formar grupos só de meninos ou só de meninas, com a mesma quantidade de alunos e usando a maior quantidade de alunos possível por grupo.

a) Quantos alunos terá cada um desses grupos?

b) Quantos grupos de meninas podem ser formados?

c) Quantos grupos de meninos podem ser formados?

194 Em um certo país as eleições para presidente ocorrem de 6 em 6 anos e para senador de 4 em 4 anos. Em 2004 essas eleições coincidiram.
Quando essas eleições voltarão a coincidirem novamente?

195 Em uma classe existem menos de 40 alunos. Se o professor de Matemática resolve formar grupos de 6 alunos, ou de 10 alunos, ou de 15 alunos, sempre sobra um aluno. Quantos alunos tem a classe?

196 Todos os alunos de uma escola de Ensino Médio participarão de uma gincana. Para essa competição, cada equipe será formada por alunos de um mesmo ano com o mesmo número máximo de participantes por equipe. Veja na tabela a distribuição de alunos por ano:

Ano	Número de alunos
1º	120
2º	108
3º	100

Responda às seguintes perguntas:

a) Qual é o número máximo de alunos por equipe?
b) Quantas equipes serão formadas ao todo?

197 Em uma turma do 6º ano do Ensino Fundamental, com mais de 30 alunos, foi distribuído um total de 126 borrachas, 168 lápis, 210 livros e 252 cadernos. Essa distribuição foi feita de modo que cada aluno recebesse o mesmo número de borrachas, de lápis, de livros e de caderno. Nesse caso, pode-se estimar que o número de alunos dessa turma era de quantos?

198 Três viajantes de firma sairão a serviço no mesmo dia. Sabe-se que:

⇒ O primeiro faz viagens de 12 em 12 dias;
⇒ O segundo faz viagens de 20 em 20 dias;
⇒ O terceiro faz viagens de 25 em 25 dias;

Depois de quantos dias sairão juntos novamente?

199 Uma editora recebeu pedidos de três livrarias, como mostra o quadro abaixo.

Livraria	Número de exemplares
A	1.300
B	1.950
C	3.900

Como a editora deseja remeter os três pedidos com a mesma quantidade de livros e com o maior número de livros possível por pacote responde:

a) Quantos livros terá cada pacote?
b) Quantos pacotes serão ao todo?

200 O Sr. Vicente tem uma banca de frutas na feira. Nela há uma penca com 18 bananas e outra com 24 bananas. Ele quer dividir as duas em montes iguais. Qual deve ser o maior número possível de bananas em cada monte?

Resp: **173** a) I) 48 min; 3 e 2 II) 48 min   b) I) 126 min, 9 e 7 II) 63 min.   c) I) 264 min, 11 e 8   II) 88 min

174 a) 24, 40 e 120   b) 6, 4 e 2   c) 4, 3 · 4 = 12   d) 12, 5 · 12 = 60   e) 1512   f) 18   g) 5 · 6 = 30

h) 7 · 12 = 84   i) 60 : 3 = 20   j) 250 : 5 = 50   k) 14   l) 1512   **175** 504   **176** 1800

177 54   **178** 845   **179** 82   **180** 15 e 45   **181** 8, 888 e 1768

182 a) 24 botões, 7 de brancos, 9 de azuis, 10 de vermelhos, 26 saquinhos

b) 24 saquinhos, 7 brancos, 9 azuis e 10 vermelhos, 26 botões por saquinho.

183 4 m, 430 pedaços   **184** 18 de julho   **185** 16 horas

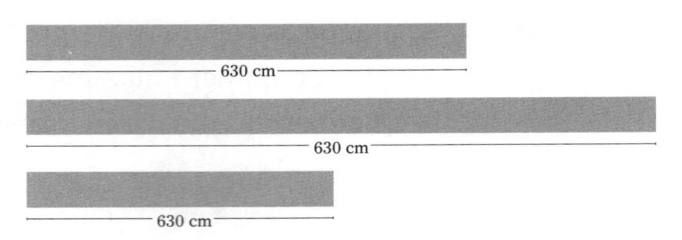

201 Regina possui 3 pedaços de fita, como os apresentados abaixo, que serão utilizados na confecção de alguns enfeites. Ela pretende cortá-los em pedaços de maior tamanho possível, de forma que não haja sobra e que todos os pedaços tenham o mesmo tamanho.

- 630 cm
- 630 cm
- 630 cm

a) Qual será o tamanho de cada pedaço de fita após o corte?

b) Quantos pedaços de fita serão obtidos ao todo?

202 Três torneiras estão com vazamente:

- Da primeira cai uma gota de 4 em 4 minutos;
- Da segunda, uma gota de 6 em 6 minutos;
- Da terceira, uma gota de 10 em 10 minutos;

Exatamente às 2 horas cai uma gota de cada torneira. A próxima vez em que pingarão juntos novamente será que horas?

203 Em uma mercearia o proprietário deseja estocar 72 garrafas de água, 48 de suco e 36 de mel em caixas com o maior número possível de garrafas, sem misturá-las e sem que sobre ou falte garrafa. Qual deve ser a quantidade de garrafas por caixas?

204 Um aluno, indagado sobre o número de exercícios de Matemática que havia resolvido naquele dia, respondeu: " Não sei, mas contando de 2 em 2 sobra um, contando de 3 em 3 sobre um, contando de 5 em 5 sobre um, mas contando de 7 em 7 não sobra nenhum. O total de exercícios não chega a uma centena". De acordo com essa situação determine o número de exercícios resolvidos por esse aluno.

Resp: **186** 40 **187** 60 **188** 10 **189** 120 **190** 9h30 min. **191** 20 dias
192 13 **193** a) 7 b) 3 c) 4 **194** 2016, 1028, ... **195** 31
196 a) 4 b) 82 **197** 42 **198** 300, 600, ... **199** a) 650 b) 11
200 6 **201** a) 90 b) 22 **202** 3 horas **203** 12 **204** 91

IV SEGMENTOS E ÂNGULOS

1 – Semirreta e segmento de reta

1) Semirreta: Um ponto de uma reta separa esta reta em duas partes com origem neste ponto, chamadas **semirretas**.

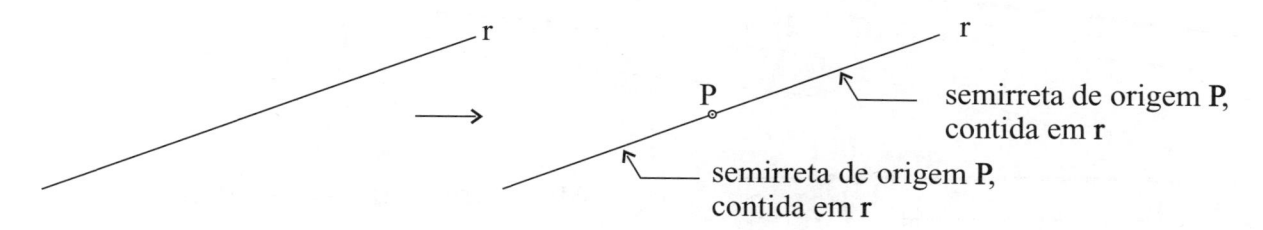

Essa duas são chamadas semirretas opostas. Então, dois pontos distintos (diferentes) **A** e **B** de uma reta r, determinam nela 4 semirretas. Duas semiretas opostas com origem em **A** e duas com origem em **B**.

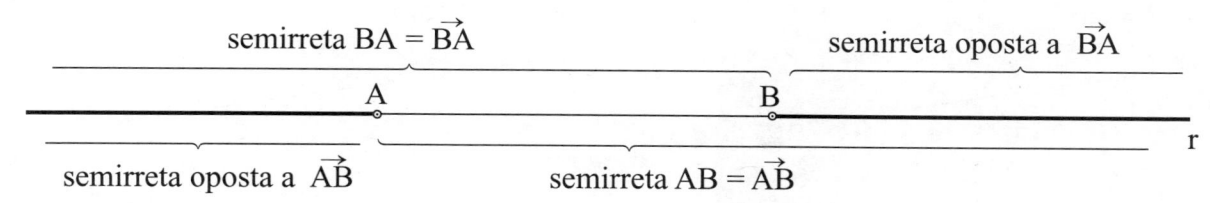

2) Segmento de reta: Sendo **A** e **B** dois pontos distintos de uma reta r, o conjunto dos pontos comuns às semirretas $\vec{AB}$ e $\vec{BA}$ é chamado de **segmento de reta** de extremidades **A** e **B**.

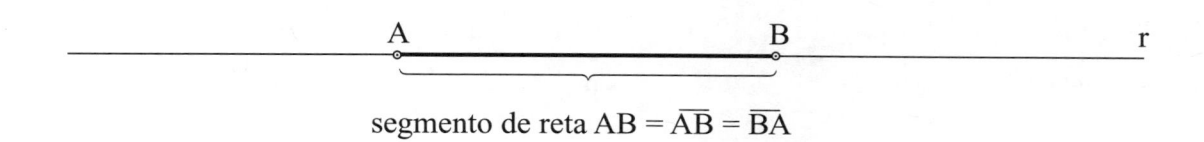

segmento de reta AB = $\overline{AB}$ = $\overline{BA}$

Obs.: O segmento de reta de extremidades A e B pode ser indicado por $\overline{AB}$ ou $\overline{BA}$.

3) Medida de um segmento: Em **desenho geométrico** usamos uma régua milimetrada para medir os segmentos. As medidas dos segmentos serão expressas em centímetro (cm) ou em milímetros (mm).

Indicaremos a medida de um segmento de extremidades A e B por AB.

AB = 5 cm ou AB = 50 mm   CD = 6,4 cm ou CD = 64 mm

4) Segmentos congruentes: São segmentos que têm a mesma medida.

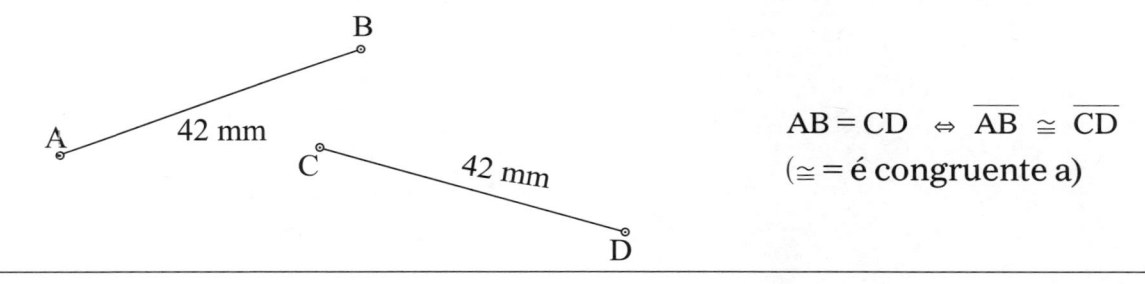

AB = CD ⇔ $\overline{AB}$ ≅ $\overline{CD}$

(≅ = é congruente a)

5) Régua

Usamos a régua para traçarmos retas, semirretas e segmentos de retas. (Note que representamos uma pequena parte da reta e da semirreta. Elas podem ser prolongadas, tanto quanto quisermos). Usamos a escala da régua para medir segmentos em cm ou mm.

AB = 4 cm   ou   AB = 40 mm

205 Dados os pontos **B** e **C** e uma semirreta de origem P, traçar os segmentos AB, AC e BC, sabendo que **A** pertence à semirreta dada, nos casos:

a) PA = 2,8 cm

b) PA = 61 mm

c) PA = 60 mm

d) PA = 4,8 mm

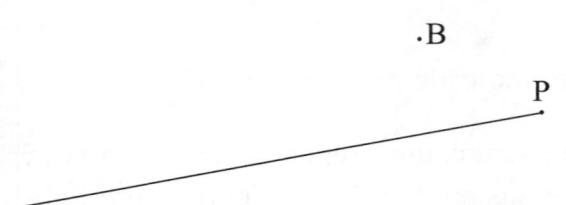

206 Dados os pontos **C** e **D** e as semirretas Pa e Pb, traçar os segmentos AB, BC, CD e AD, com **A** em **Pa** e **B** em **Pb**, nos casos:

a) PA = 2 cm , PB = 3,5 cm

b) PA = 62 mm , PB = 14 mm

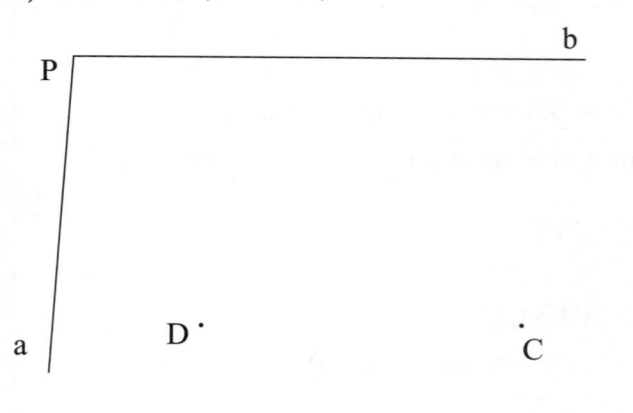

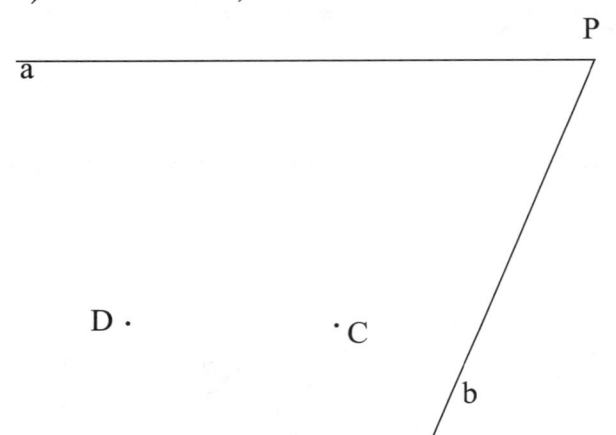

6) Circunferência

Definição: Dados um ponto **O** de um plano α e um segmento **r**, ou um segmento de medida **r**, o conjunto dos pontos de α que distam r de O chama-se **circunferência** de centro **O** e raio **r**.

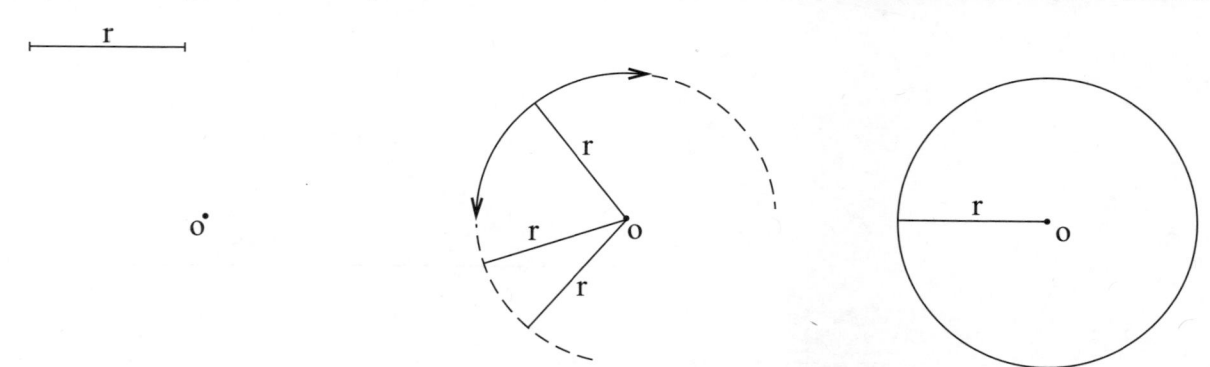

Obs.: 1. A circunferência também pode ser definida como o **lugar geométrico (l.g.)** dos pontos de um plano que distam **r** dado de um ponto **O** dado desse plano.

2. Quando falarmos em raio de uma circunferência de centro **O**, podemos estar falando em um segmento que tem uma extremidade na circunferência e outra em **O**, ou na medida desse segmento.

3. **Círculo:** É a união da circunferência com a região interna.

4. **Corda:** Corda de uma circunferência é um segmento cujas extremidades são pontos dela.

5. **Diâmetro:** É a corda que passa pelo centro da circunferência. Ele é a maior corda da circunferência e tem comprimento igual a 2 raios.

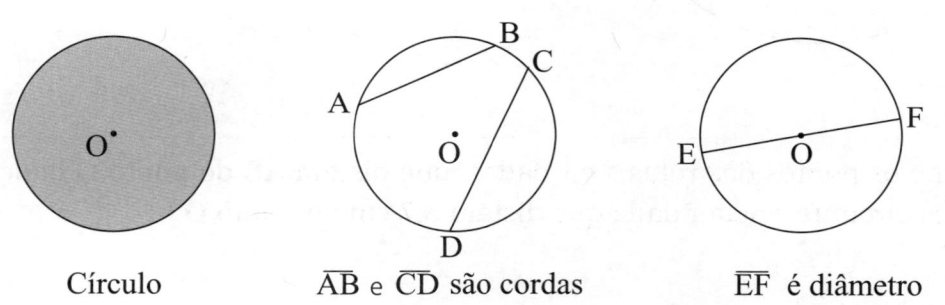

Círculo $\overline{AB}$ e $\overline{CD}$ são cordas $\overline{EF}$ é diâmetro

7) Compasso

Usamos o compasso para traçar circunferências ou para traçar arcos de circunferências. Podemos desta forma determinar sobre uma reta ou circunferência, os pontos, quando houver, que distam uma distância **r** dada de um ponto **A** dado.

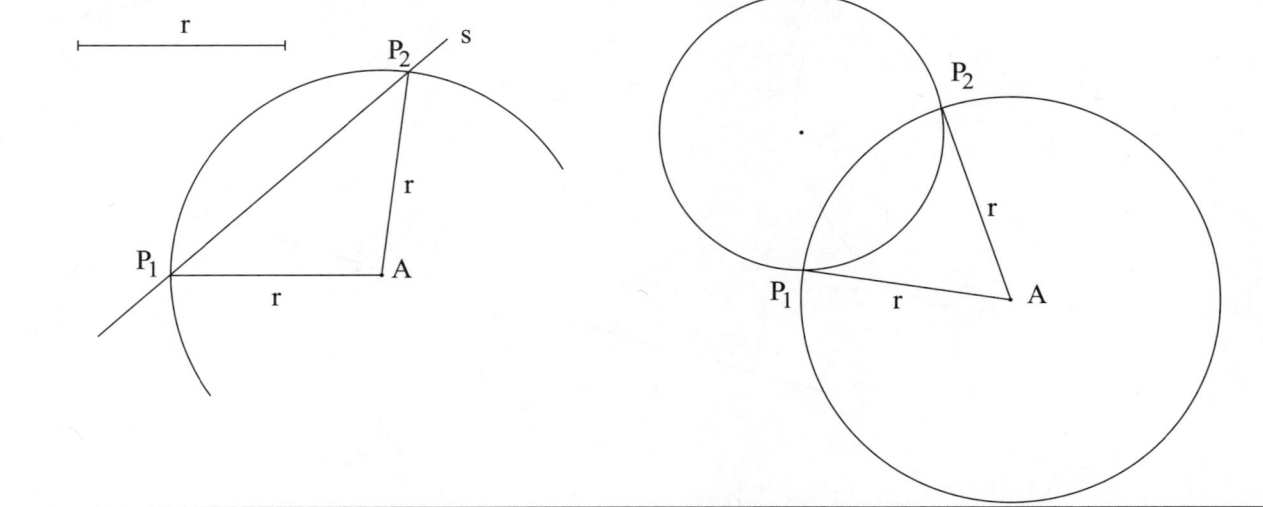

207 Determinar os pontos da reta **s** que distam **r** do ponto **A**, nos casos:
a) r = 3,5 cm
b) r = 41 mm

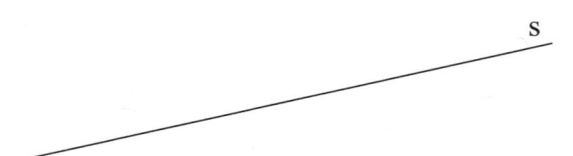

208 Determinar os pontos da circunferência **f** dada que distam **d** do ponto **A** dado, nos casos:
a) d = 4 cm
b) d = 56 mm

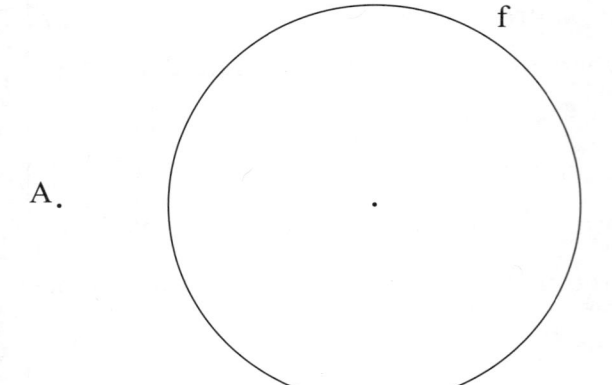

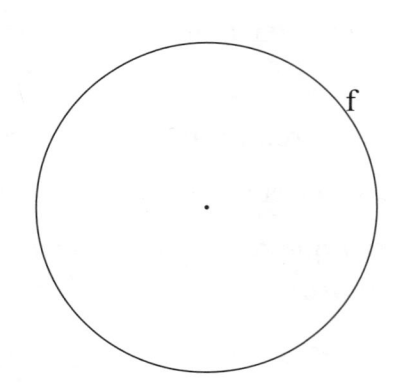

209 Determine os pontos das retas **s** e **t** dadas, que distam **AB** do ponto **O** dado, sendo **A** e **B** os pontos da circunferência **f** dada que distam 8,7 cm do ponto **O**.

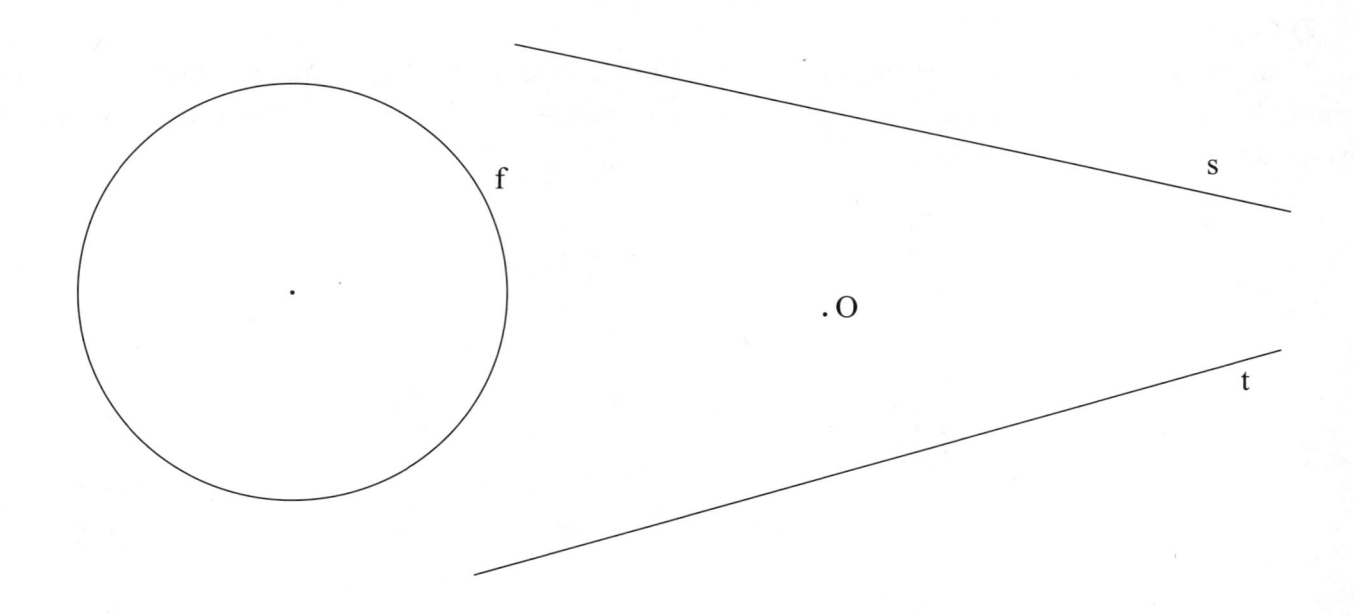

210 Dados os segmentos **a** e **b** e o segmento **AB**, obter o ponto **C** que dista **a** de **A** e **b** de **B** e traçar os segmentos AB e BC, nos casos:

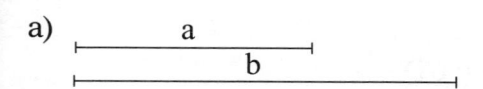

a) 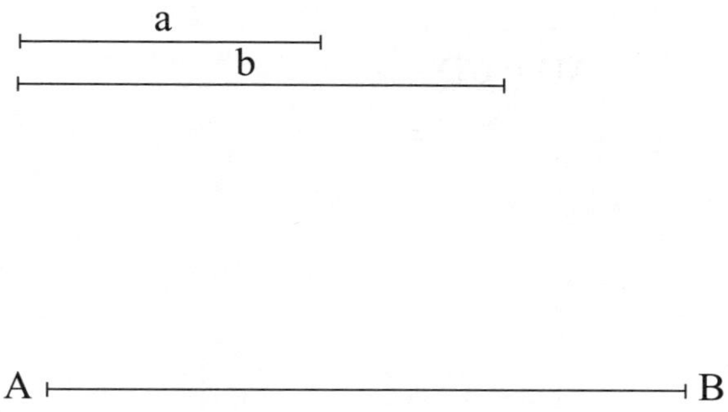
a
b

A ⊢──────────────────⊣ B

b)
a
b

A ⊢────⊣ B

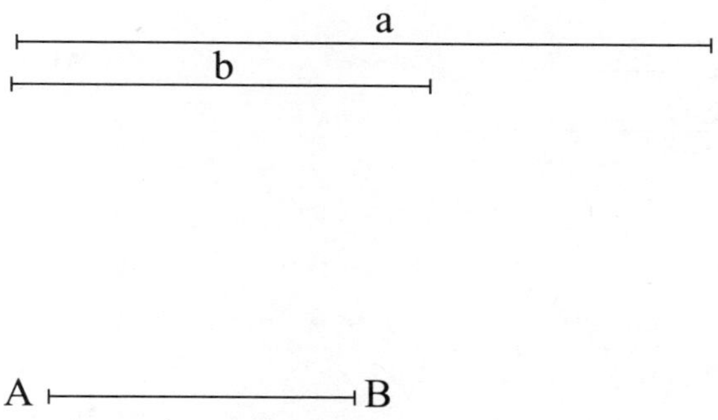

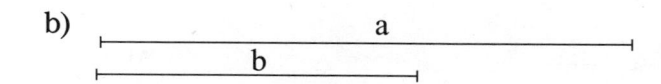

c)
a
b

A
|
|
|
|
B

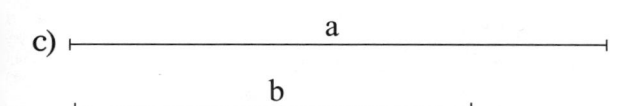

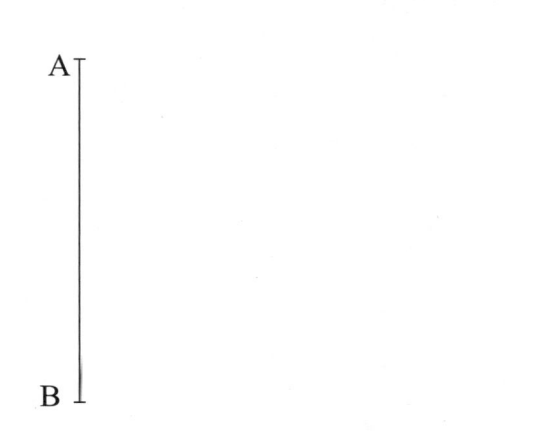

d)
a
b

A
\
\
\
B

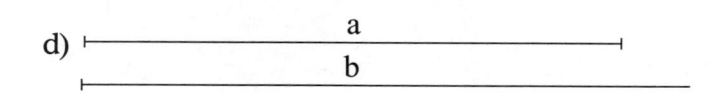

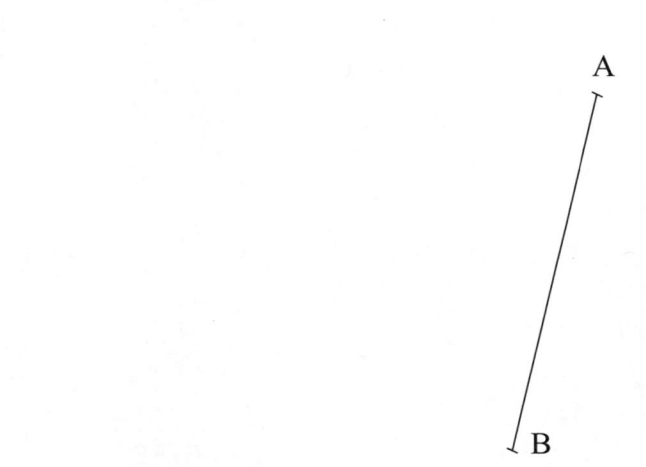

e)
a
b

A ⊢──────────────⊣ B

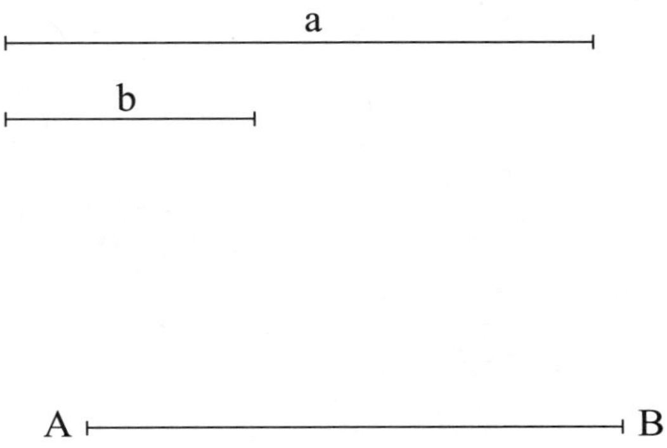

f)
a
b

A ⊢────────────────────────⊣ B

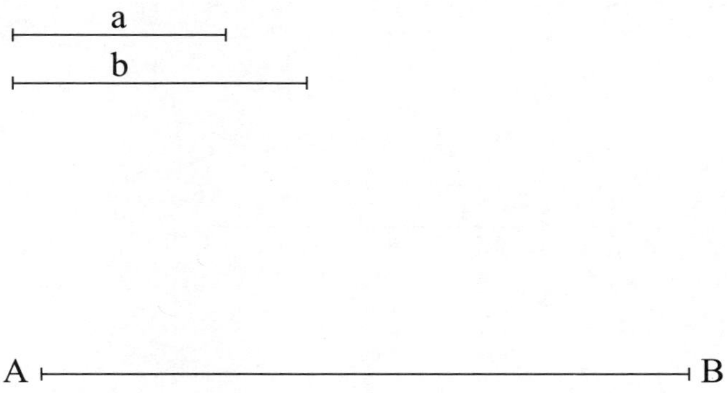

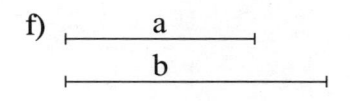

211 Em cada caso são dados os segmentos AB e BC. Obter um ponto **D**, de modo que **B** e **D** estejam em semiplanos opostos em relação à reta AC, que satisfaça as condições dadas e traçar os segmentos AD e CD.

a) |———AD———|
   |————CD————|

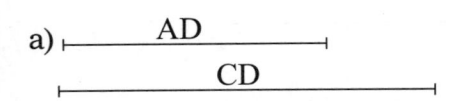

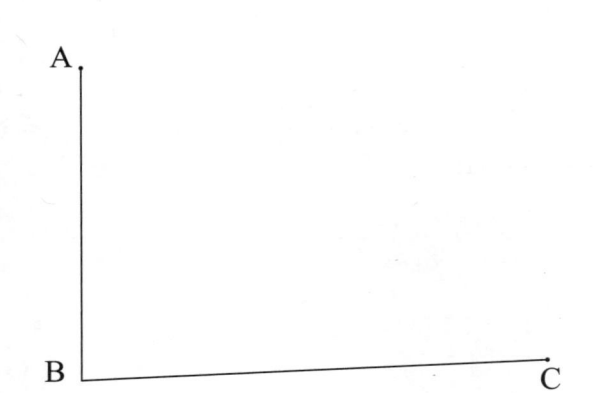

b) |————AD = CD————|

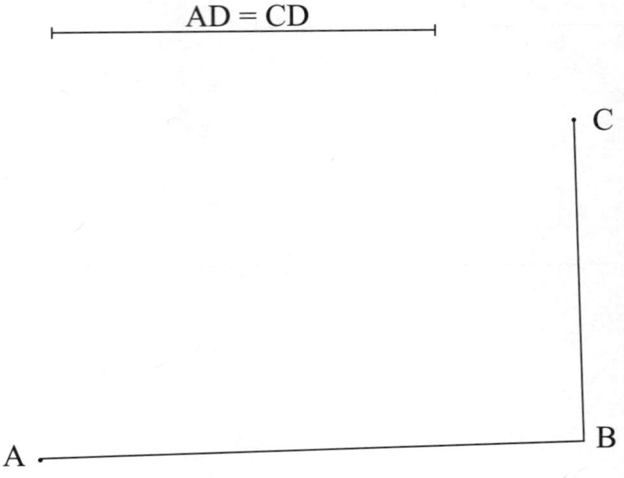

c) CD = AB, BD = AC

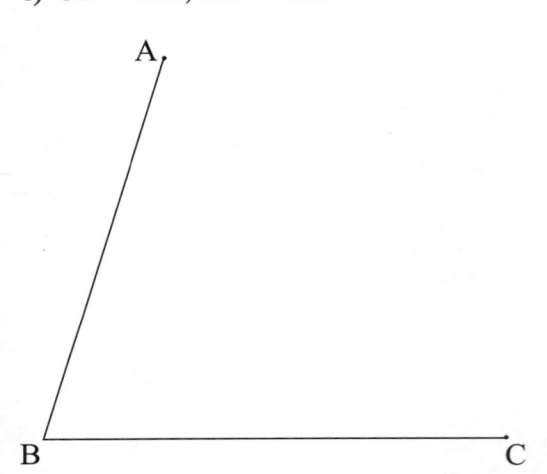

d) BD = AC , CD = AB

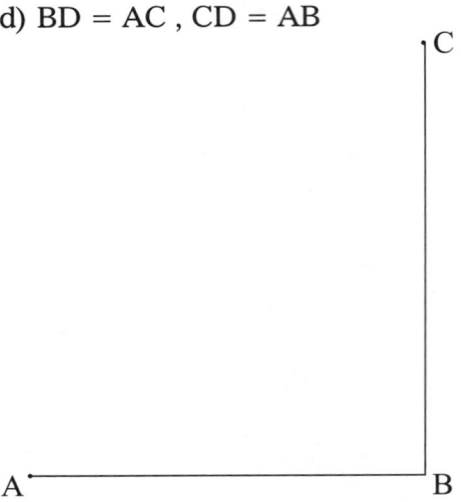

e) AD = BC , CD = AB

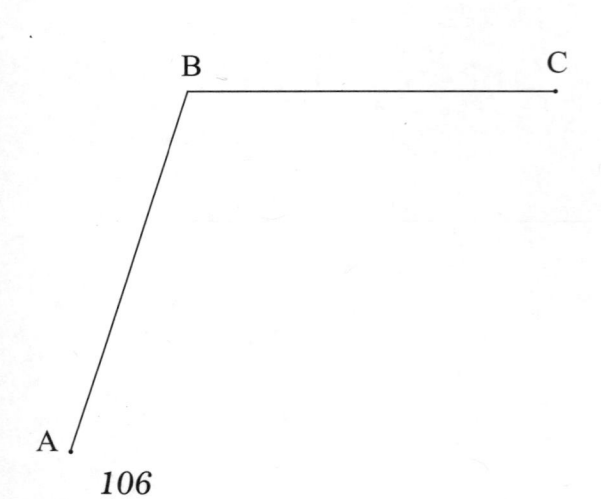

f) AD = BC , CD = AB

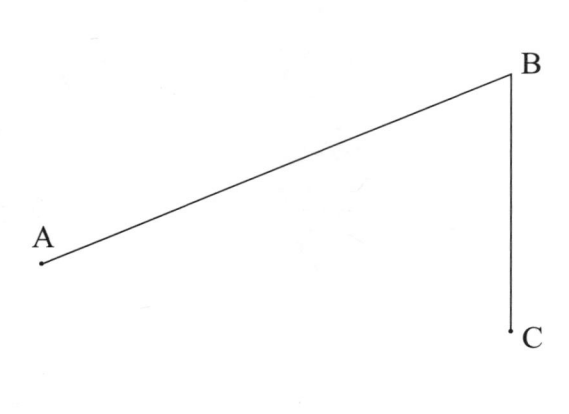

212 Em cada caso são dados os segmentos AB e BC. Obter um ponto **D**, de modo que **B** e **D** estejam em semiplanos opostos em relação à reta AC, que satisfaça as condições dadas e traçar os segmentos AD e CD.

a) BD = AC , AD = BC

b) AD = BC , BD = AC

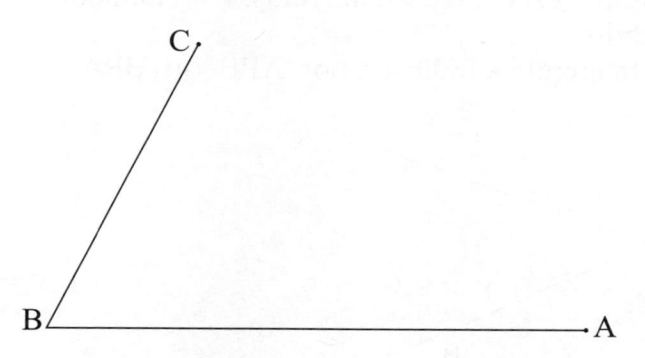

c) AD = BC , BD = AC

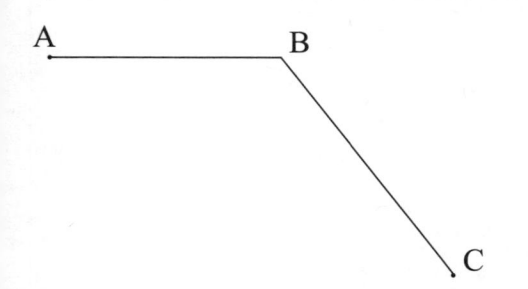

d) BD = BC , AD = AB

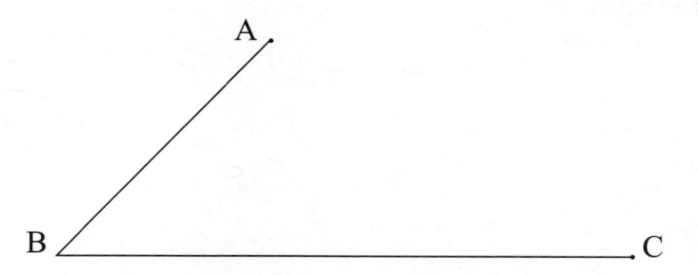

e) AD = CD = BC

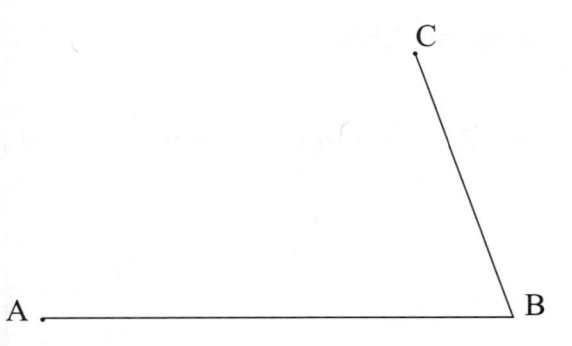

f) CD = AB , BD = AC

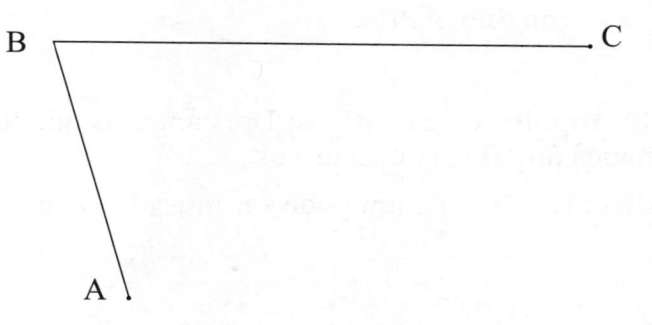

g) AD = BC , CD = AB

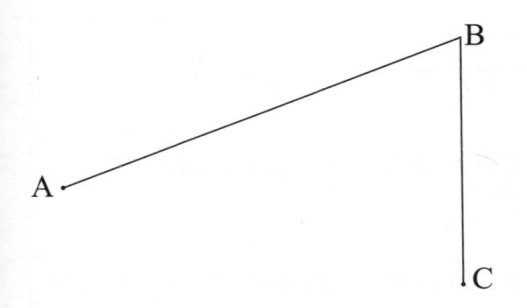

h) AD = BC, CD = AB

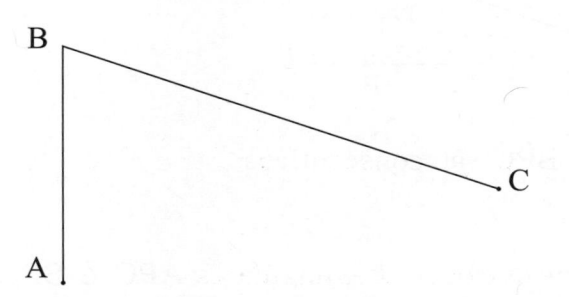

107

2 – Ângulo

1) Definição: A união de duas semirretas distintas, não opostas, de mesma origem, chamamos de **ângulo**.

Sendo $\vec{PA}$ e $\vec{PB}$ as semirretas, **P** é chamado vértice do ângulo e $\vec{PA}$ são $\vec{PB}$ chamados **lados do ângulo**.

Este ângulo é indicado por $A\hat{P}B$ ou $B\hat{P}A$.

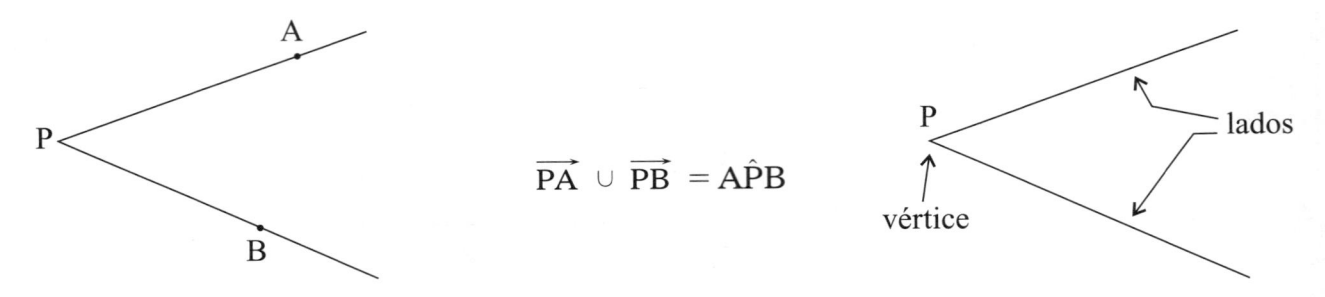

$$\vec{PA} \cup \vec{PB} = A\hat{P}B$$

2) Setor angular: Dado um ângulo, considere os semiplanos com origens contendo os lados, com cada semiplano contendo o outro lado do ângulo. A região comum a esses planos é a chamada **setor angular**.

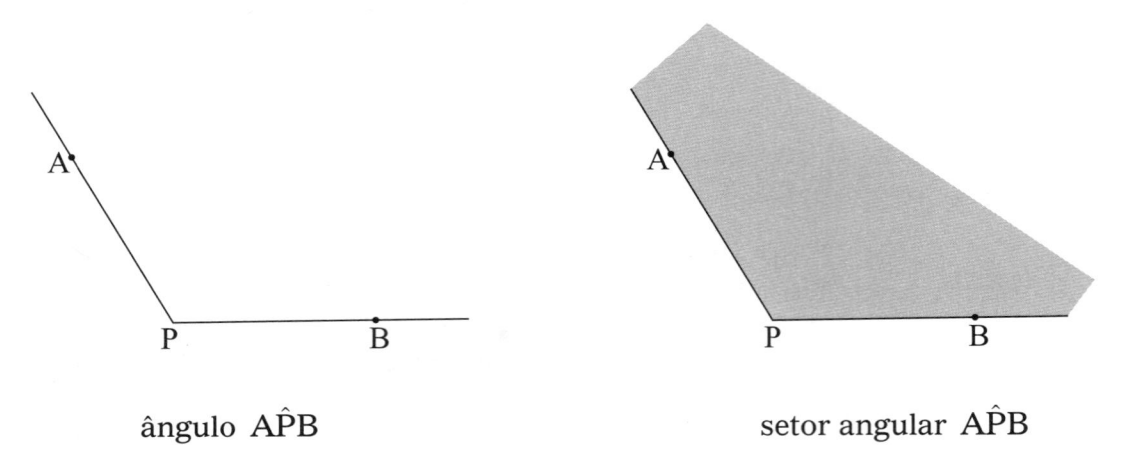

ângulo $A\hat{P}B$

setor angular $A\hat{P}B$

3) Ângulos consecutivos: Dois ângulos que têm o mesmo vértice e um lado em comum são chamados **ângulos consecutivos**.

Obs.: Um lado de um pode ser interno ao outro (2ª figura).

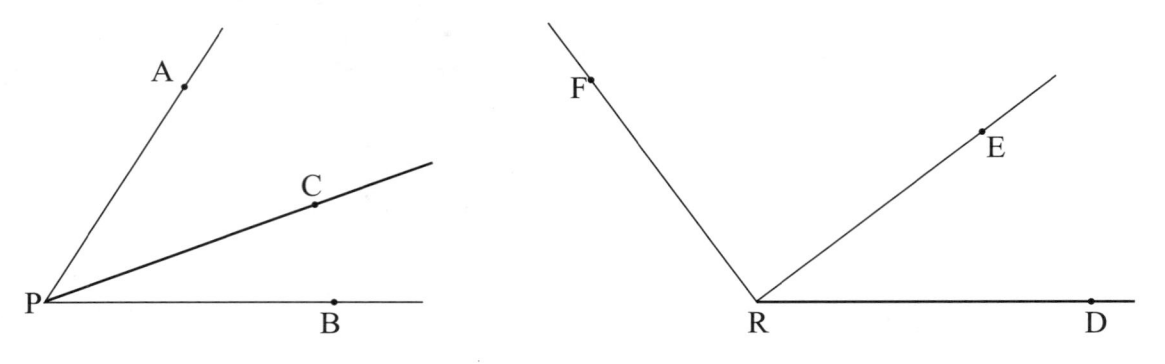

$A\hat{P}C$ e $B\hat{P}C$ são consecutivos

$D\hat{R}E$ e $D\hat{R}F$ são consecutivos

Obs.: Note que os setores angulares $A\hat{P}C$ e $B\hat{P}C$ têm apenas e $\vec{PC}$ em comum e que os setores angulares $D\hat{R}E$ e $D\hat{R}F$ têm um setor em comum.

4) Ângulos adjacentes: Dois ângulos que têm o mesmo vértice e um lado em comum e os setores correspondentes têm apenas os pontos desse lado em comum, são chamados **ângulos adjacentes**.

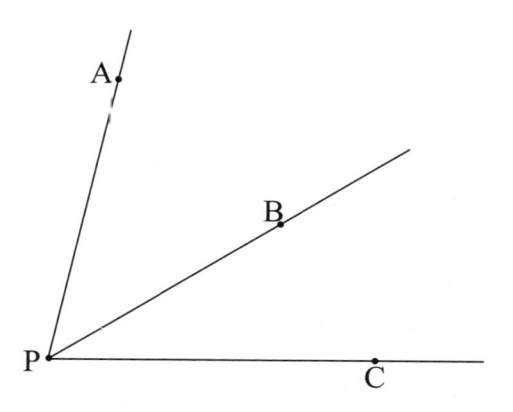

A$\hat{P}$B e B$\hat{P}$C são adjacentes. Note que os setores A$\hat{P}$B e B$\hat{P}$C tem apenas os pontos de $\overrightarrow{PB}$ em comum.

A$\hat{P}$C e B$\hat{P}$C não são adjacentes pois têm o setor C$\hat{P}$B em comum.

5) Medida de um ângulo (em graus): Dado um ângulo, existe um único número de graus entre 0º e 180º (0 grau e 180 graus) que é a medida, em graus, desse ângulos. Se o ângulo a ser medido for A$\hat{P}$B, a sua medida será indicada por med(A$\hat{P}$B) ou m(A$\hat{P}$B) ou (A$\hat{P}$B) ou apenas por $\hat{P}$. O instrumento usado para medir ângulos é chamado **transferidor**.

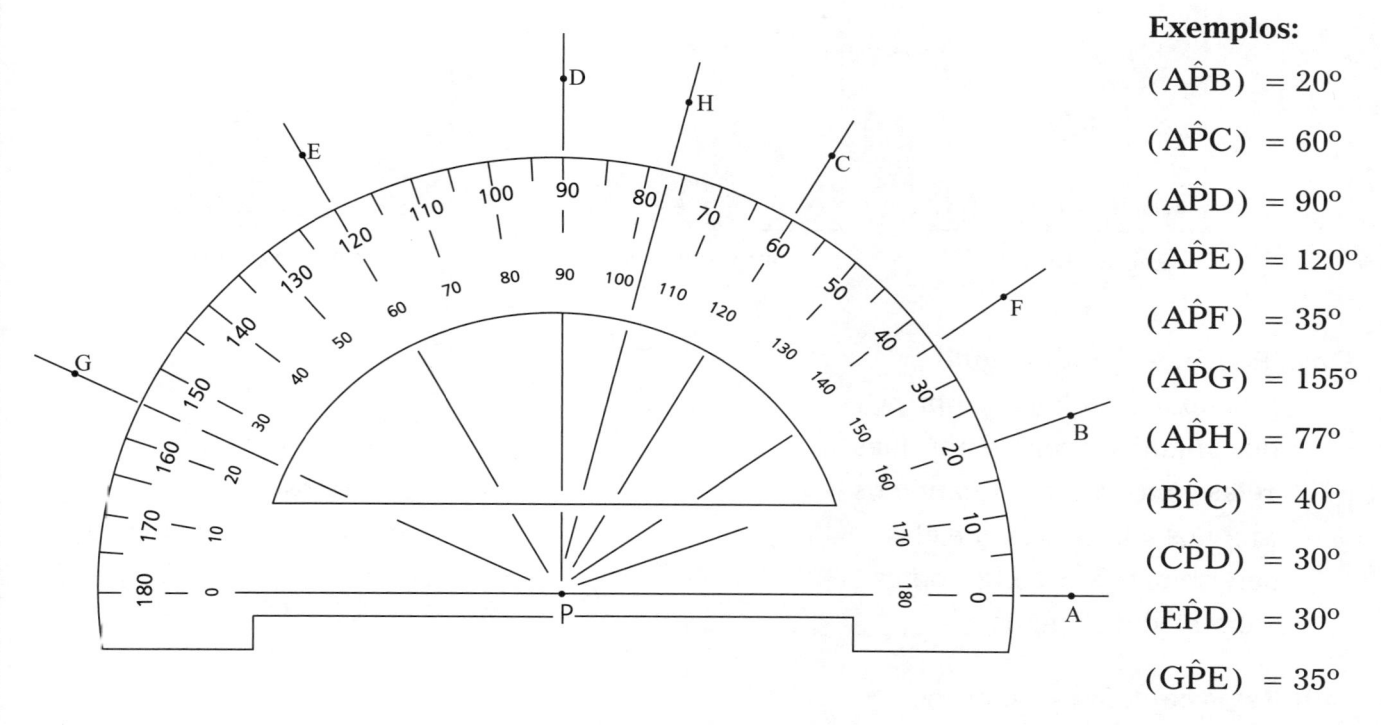

Exemplos:

(A$\hat{P}$B) = 20º

(A$\hat{P}$C) = 60º

(A$\hat{P}$D) = 90º

(A$\hat{P}$E) = 120º

(A$\hat{P}$F) = 35º

(A$\hat{P}$G) = 155º

(A$\hat{P}$H) = 77º

(B$\hat{P}$C) = 40º

(C$\hat{P}$D) = 30º

(E$\hat{P}$D) = 30º

(G$\hat{P}$E) = 35º

6) Ângulos congruentes: Dois ângulos são congruentes se, e somente se, eles têm medidas iguais.

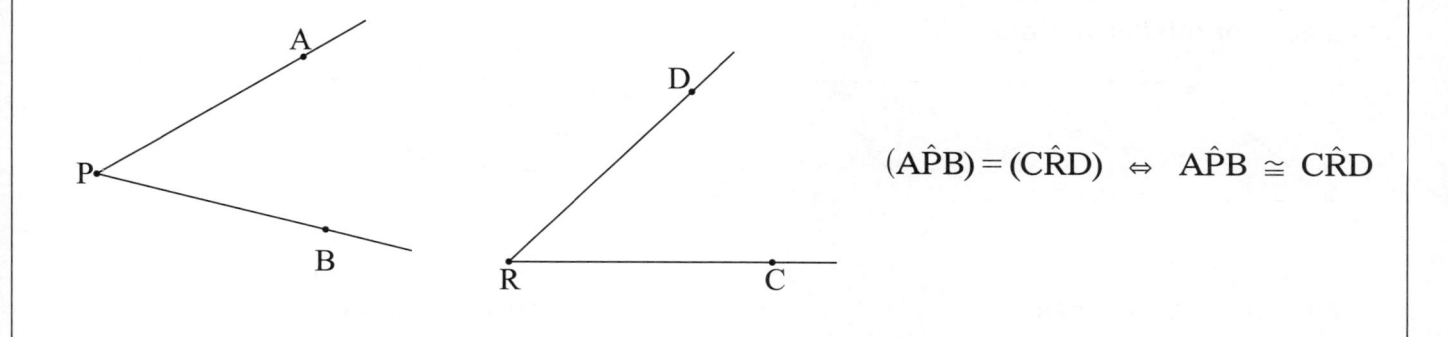

(A$\hat{P}$B) = (C$\hat{R}$D) ⇔ A$\hat{P}$B ≅ C$\hat{R}$D

7) Bissetriz de um ângulo: A semirreta interna a um ângulo, com origem no vértice do ângulo, que determina com os lados do ângulo dois ângulos congruentes é chamada bissetriz do ângulo. A bissetriz divide o ângulo em dois ângulos de medidas iguais.

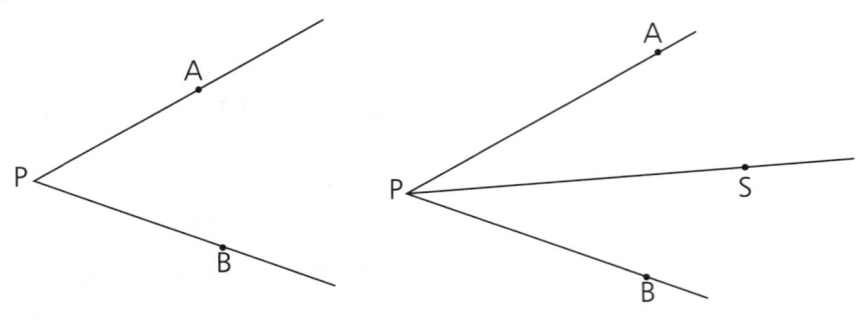

$\overrightarrow{PS}$ é bissetriz de $A\hat{P}B$ ⇔ $\overrightarrow{PS}$ está no setor $A\hat{P}B$ e $(A\hat{P}S) = (B\hat{P}S)$

8) Ângulo reto, ângulo agudo e ângulo obtuso

Se um ângulo **mede 90°** ele é chamado **ângulo reto**, se a medida de um ângulo for **menor que 90°** ele é chamado **ângulo agudo** e se a medida de um ângulo for maior que 90°, então ele é chamado **ângulo obtuso**.

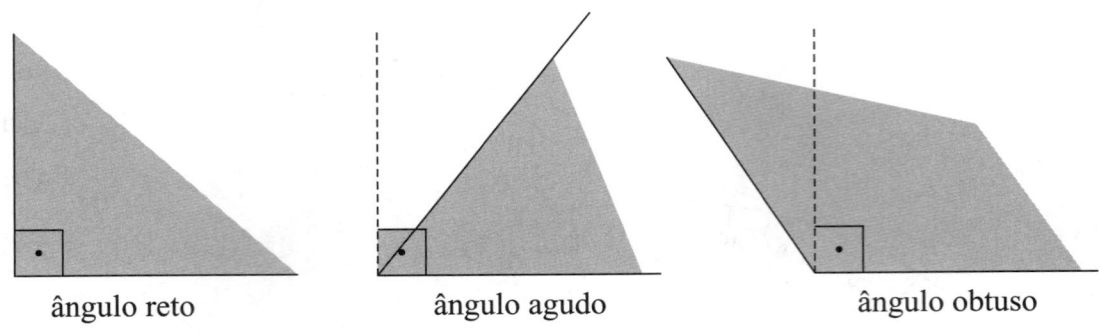

ângulo reto   ângulo agudo   ângulo obtuso

Obs.: Podemos definir ângulo reto como sendo cada um dos ângulos formado por duas retas concorrentes, quando os ângulos adjacentes que elas determinam são congruentes (têm medidas iguais).

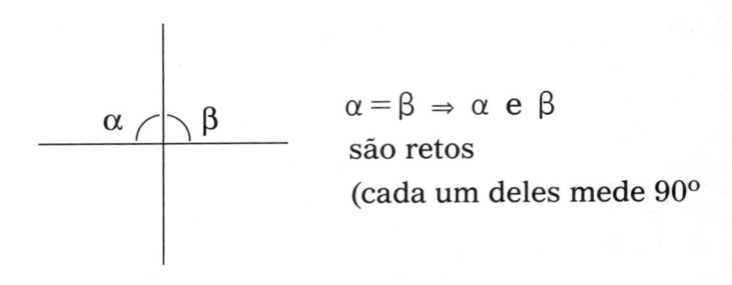

$\alpha = \beta$ ⇒ α e β são retos (cada um deles mede 90°)

9) Retas coplanares distintas

Duas retas que estão contidas em um mesmo plano são chamadas **coplanares**. Se elas têm um único ponto em comum, elas são chamadas **concorrentes** e se elas não têm ponto em comum são chamadas **paralelas distintas**.

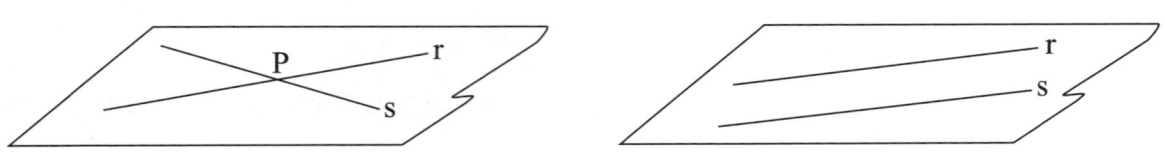

$r \cap s = \{P\}$
r e s são concorrentes

r e s são coplanares e $r \cap s = \varnothing$
r e s são paralelas distintas

10) Ângulos complementares: Se a soma das medidas de dois ângulos é 90°, eles são chamados **ângulos complementares** e um é dito complemento do outro.

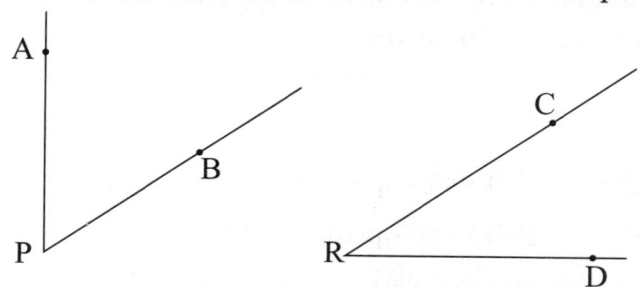

$(A\hat{P}B) + (C\hat{R}D) = 90° \Leftrightarrow$ são complementares

11) Ângulos adjacentes complementares: Se dois ângulos são adjacentes e a soma de suas medidas é 90°, eles são chamados **ângulos adjacentes complementares**.

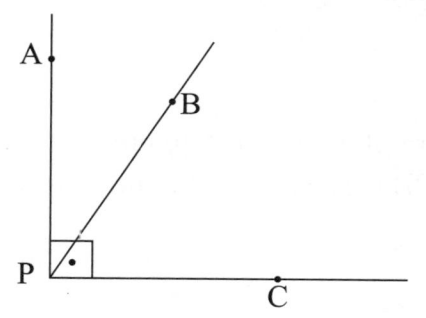

$A\hat{P}B$ e $B\hat{P}C$ são adjacentes complementares

12) Ângulos suplementares: Se a soma das medidas de dois ângulos é 180°, eles são chamados **ângulos suplementares** e um é dito suplemento do outro.

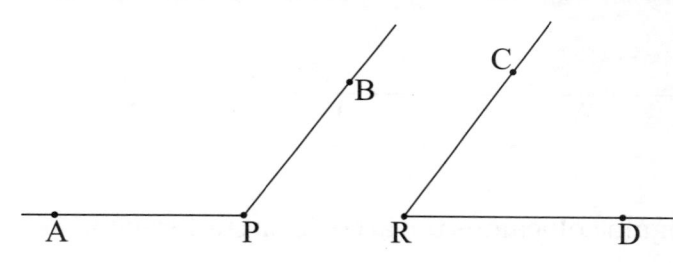

$(A\hat{P}B) + (C\hat{R}D) = 180° \Leftrightarrow$
$A\hat{P}B$ e $C\hat{R}D$ são suplementares

13) Ângulos adjacentes suplementares: Se dois ângulos são adjacentes e a soma de suas medidas é 180°, eles são chamados **ângulos adjacentes suplementares**.

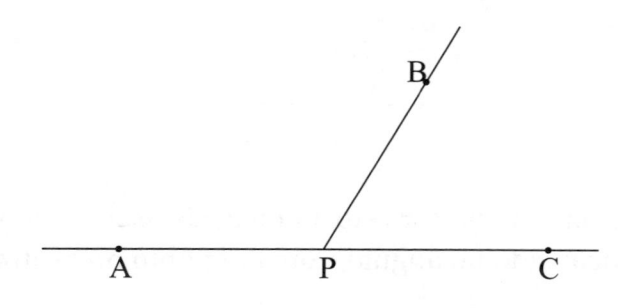

$A\hat{P}B$ e $B\hat{P}C$ são adjacentes suplementares
(Quando dois ângulos são adjacentes suplementares, dizemos que eles formam um par linear).

Obs.: Se dois ângulos adjacentes suplementares são congruentes, têm medidas iguais, então eles são ângulos retos.

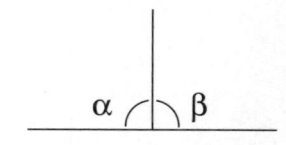

$\left.\begin{array}{l}\alpha = \beta \\ \alpha + \beta = 180°\end{array}\right\} \Rightarrow \alpha = \beta = 90°$

14) Ângulos opostos pelo vértice (OPV): Os ângulos que têm apenas o vértice em comum, determinados por duas retas concorrentes, são chamados ângulos opostos pelo vértice. Duas retas concorrentes determinam dois pares de **ângulos opostos pelo vértice**.

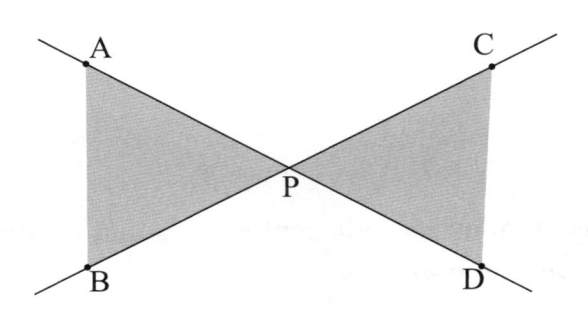

$A\hat{P}B$ e $C\hat{P}D$ são opostos pelo vértice

$A\hat{P}C$ e $B\hat{P}D$ são opostos pelo vértice

"Se dois ângulos são opostos pelo vértice, então eles têm medidas iguais."

15) Postulado do transporte: Dado um ângulo $C\hat{R}D$, um semiplano de origem em uma reta **a** e uma semirreta. $\vec{PA}$ contida em **a**, existe uma única semirreta $\vec{PB}$ nesse semiplano tal que $A\hat{P}B$ seja congruente a $C\hat{R}D$.

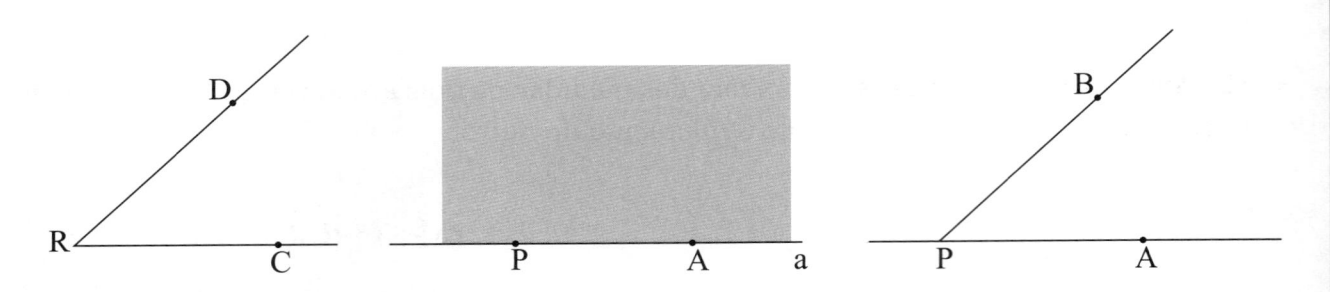

Obs.: 1. Para indicarmos a medida de um ângulo colocamos um arco de circunferência pequeno entre os lado do ângulo e a sua medida próxima ao arco.

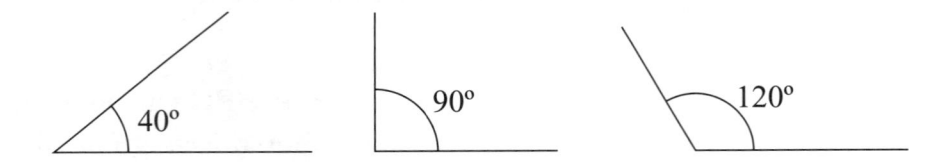

2. Quando um ângulo medir 90°, ou seja, quando um ângulo for reto, ao invés de escrevermos 90° ao lado de um arco, colocamos um quadradinho encaixado no ângulo, com um ponto no centro.

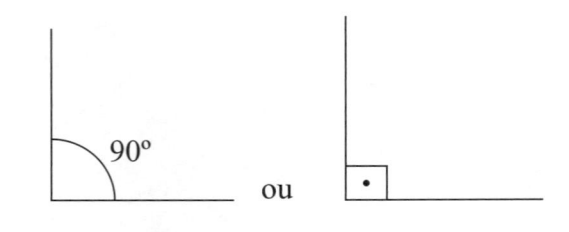

16) Retas perpendiculares: Se duas retas concorrentes determinam um ângulo reto, então os quatro ângulos determinados serão ângulos retos e essas retas são chamadas **retas perpendiculares**.

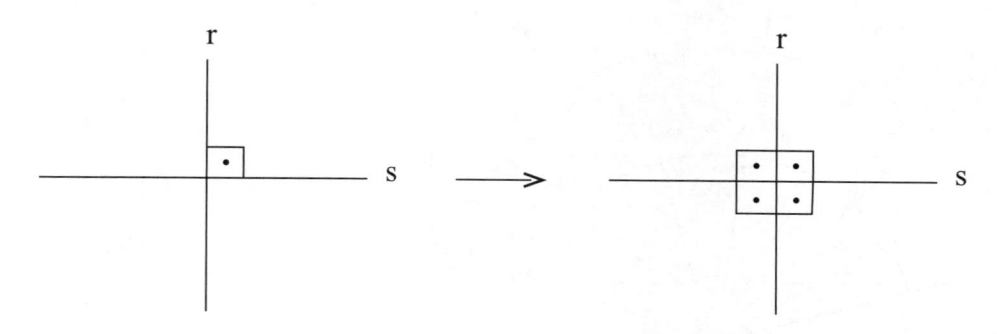

$r\hat{s}$ é reto $\Rightarrow$ r e s são retas perpendiculares

17) Retas oblíquas: Se duas retas concorrentes **não** são perpendiculares, então uma é oblíqua à outra e elas são chamadas **retas oblíquas**.

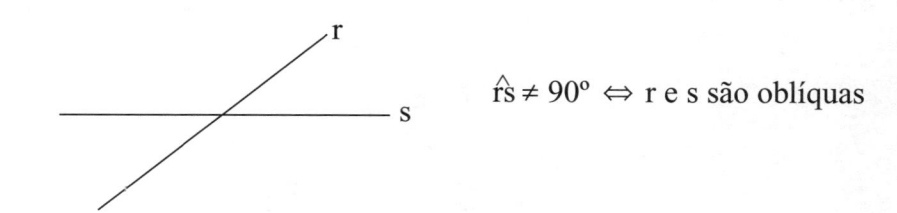

$r\hat{s} \neq 90°$ $\Leftrightarrow$ r e s são oblíquas

18) Reta horizontal e reta vertical: Em desenho geométrico, quando uma reta é paralela às bordas superior e inferior da folha de papel (folha obviamente retangular), chamamos essa reta de **reta horizontal** e quando a reta é paralela à bordas esquerda e direita, chamamos essa reta de **reta vertical**.

As retas **a**, **b** e **c** são horizontais e as retas **r**, **s** e **t** são verticais

213 Completar com as medidas dos ângulo:

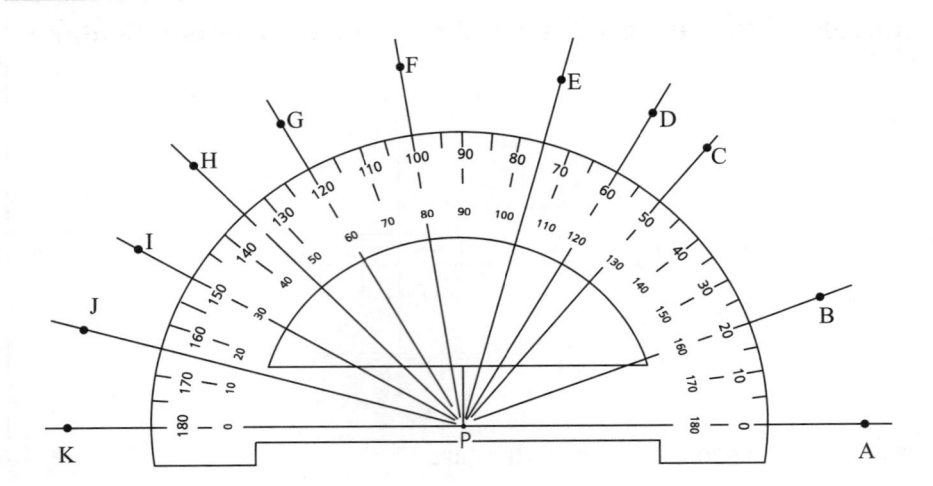

AP̂B =	KP̂J =
AP̂C =	KP̂E =
AP̂E =	CP̂F =
AP̂F =	GP̂I =
AP̂G =	KP̂H =
AP̂H =	EP̂J =
AP̂I =	BP̂I =
AP̂J =	CP̂I =
AP̂K =	BP̂G =

214 Traçar a bissetriz do ângulo AP̂B e a do MR̂N.

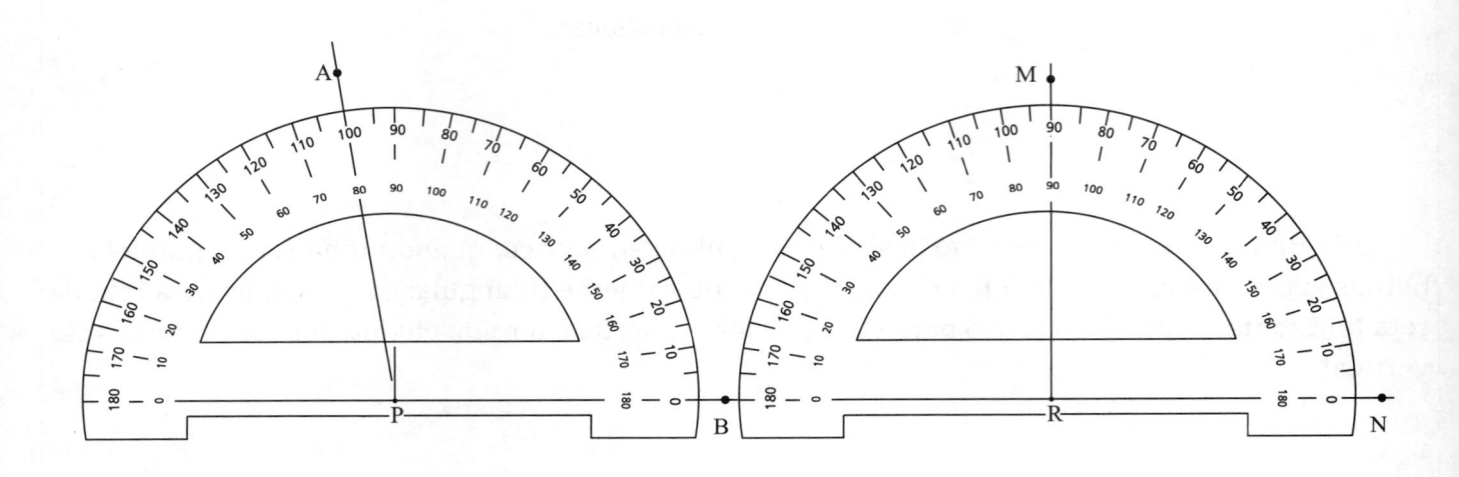

215 Encaixando o transferidor, como nos exercícios anteriores, determine α e β.

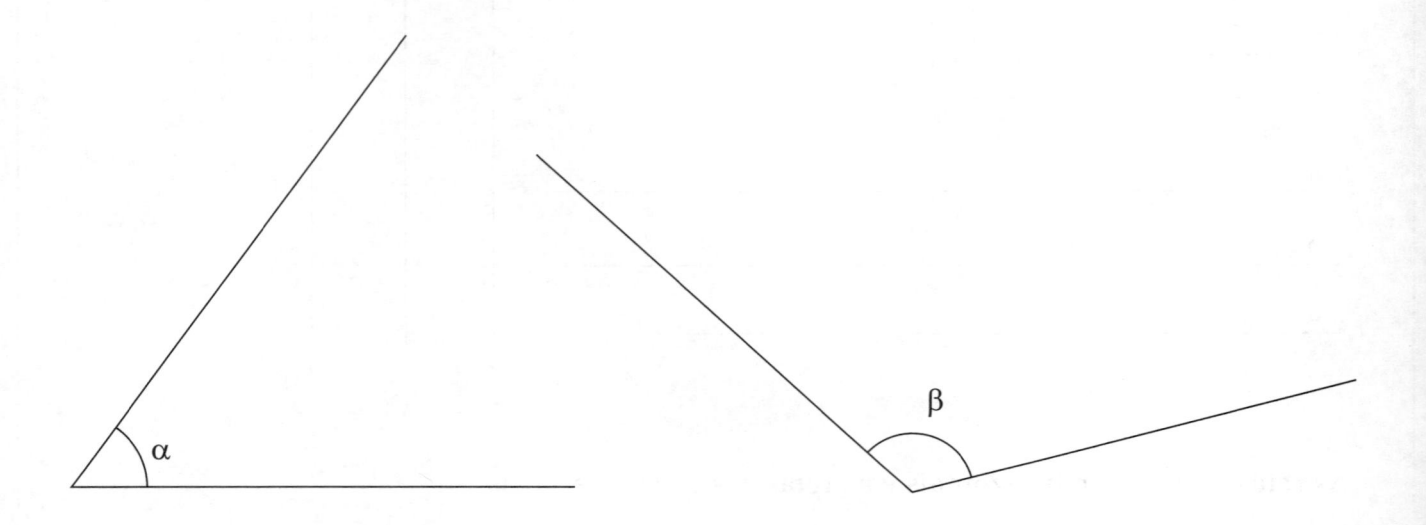

114

216 Completar com as medidas dos ângulos:

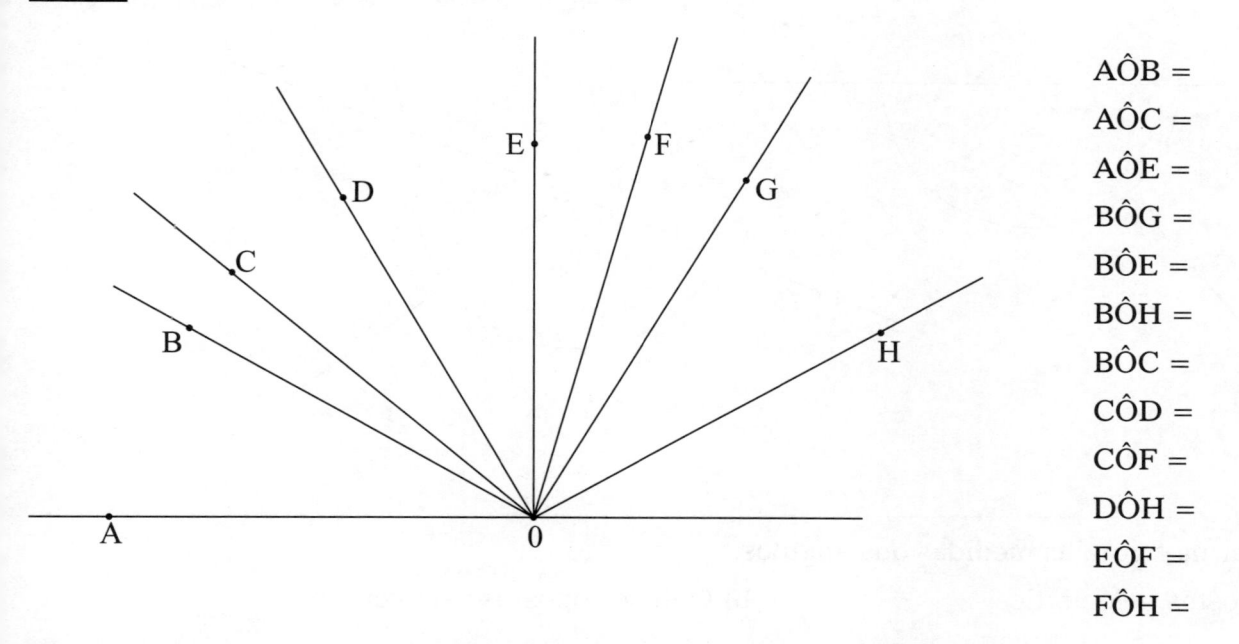

AÔB =
AÔC =
AÔE =
BÔG =
BÔE =
BÔH =
BÔC =
CÔD =
CÔF =
DÔH =
EÔF =
FÔH =

217 Indicar na figura as medidas do seis ângulos assinalados.

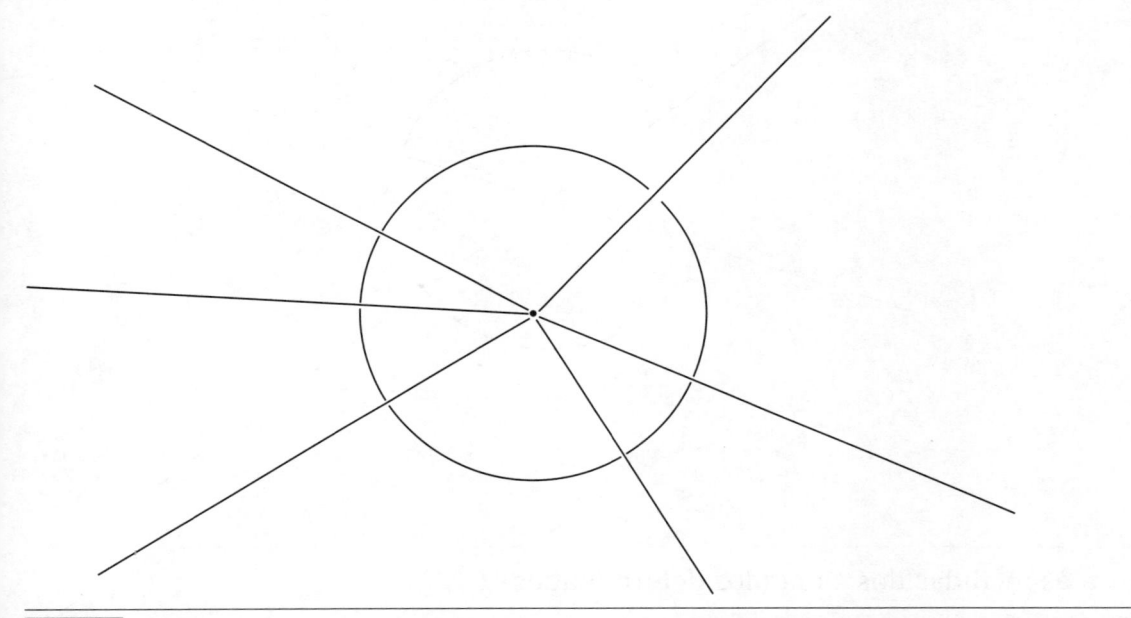

218 Indicar na figura as medidas dos ângulos adjacentes complementares.

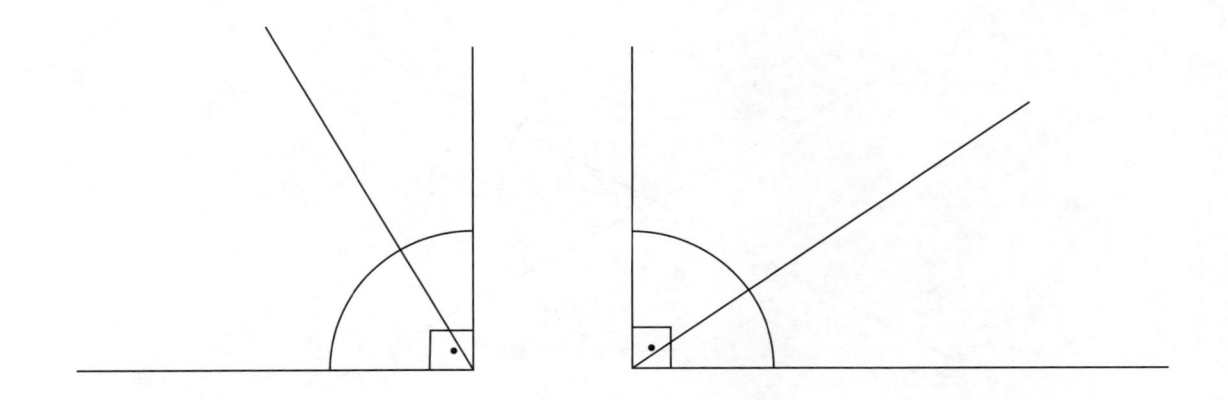

219 Indicar na figura as medidas dos ângulos adjacentes suplementares.

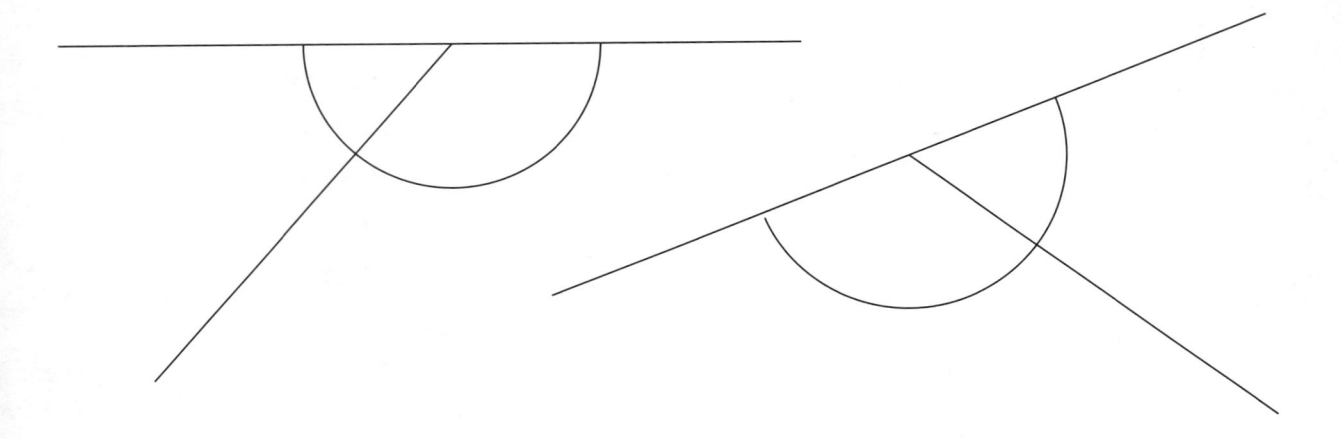

220 Indicar na figura as medidas dos ângulos.
a) Agudos opostos pelo vértice
b) Obtusos opostos pelo vértice

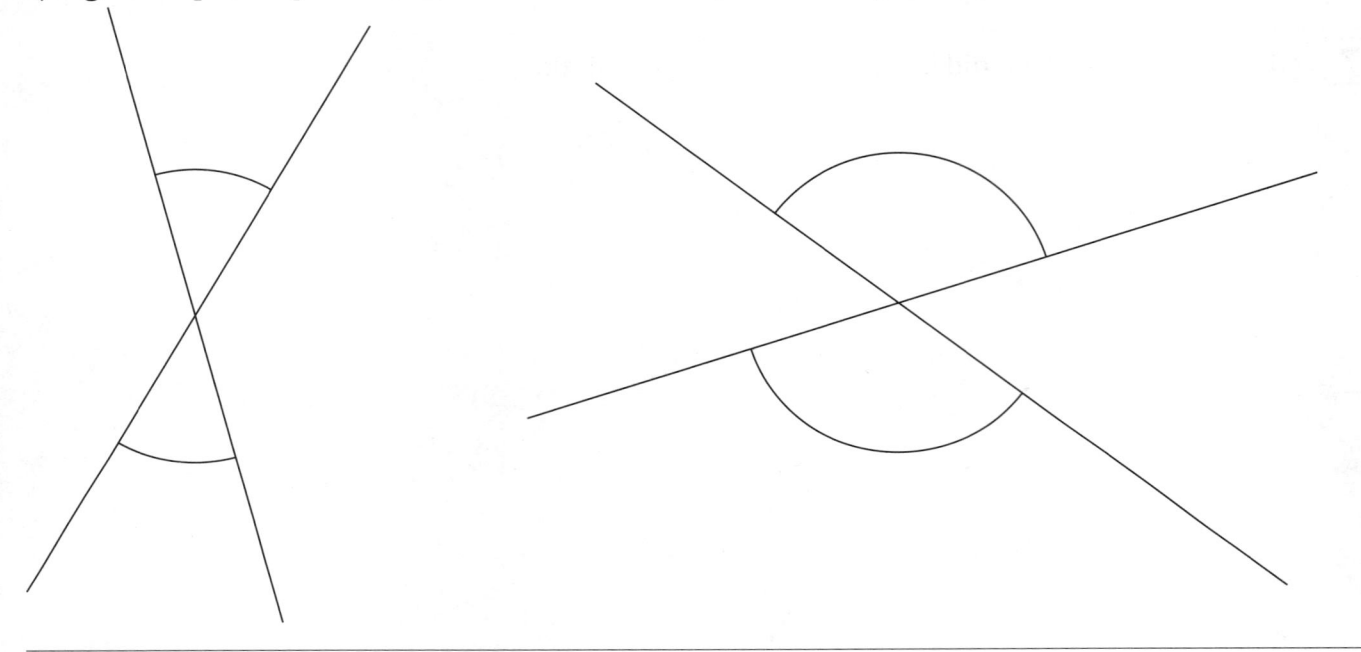

221 Indicar na figura as medidas dos 4 ângulos determinados.

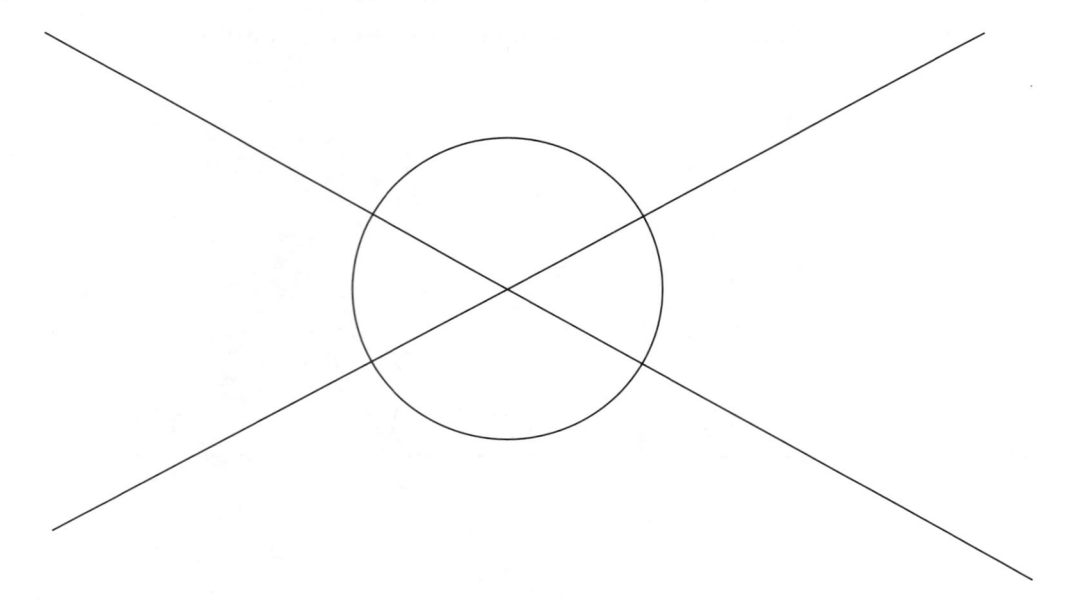

222. Em cada caso é dada uma semirreta $\overrightarrow{PA}$. Em um dos semiplanos cuja origem contém $\overrightarrow{PA}$ traçar $\overrightarrow{PB}$ de modo que $A\hat{P}B$ tenha a medida dada.

a) $A\hat{P}B = 45°$

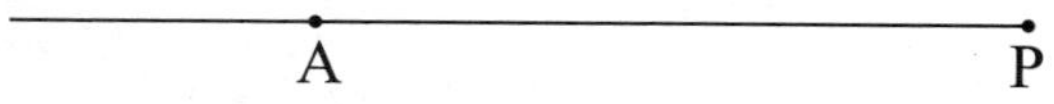

b) $A\hat{P}B = 60°$

c) $A\hat{P}B = 80°$

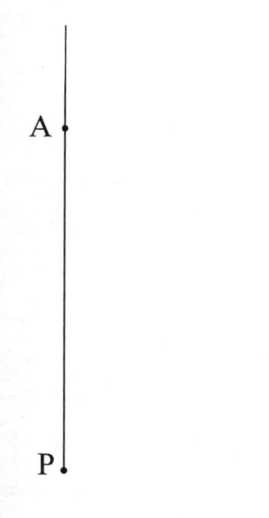

d) $A\hat{P}B = 125°$

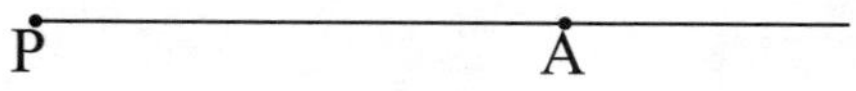

e) $A\hat{P}B = 62°$

f) $A\hat{P}B = 107°$

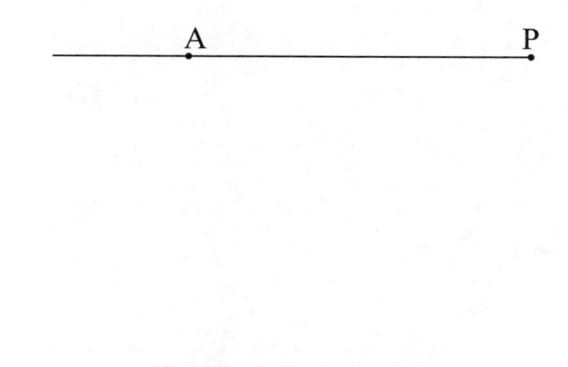

223 Dado o esboço, fazer o desenho com as medidas indicadas no esboço.

Obs.: Quando nada for dito em contrário considerar, neste e nos exercícios seguintes, que a unidade das medidas dos segmentos é o **cm**.

a) Esboço

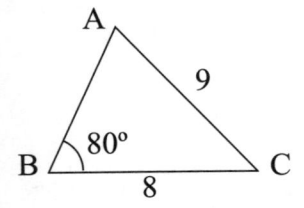

b) Esboço

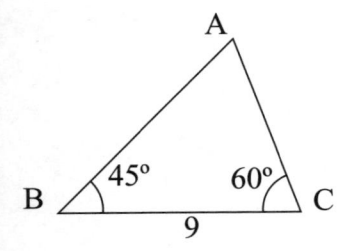

c) Esboço

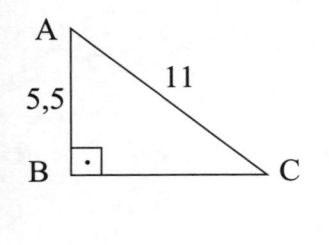

224 Dado o esboço, fazer o desenho com as medidas dadas, nos casos:

a) Triângulo ABC com ângulos B = 40°, C = 40° e BC = 10.

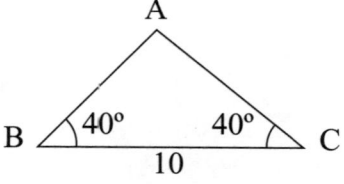

b) Triângulo ABC com ângulos A = 75°, B = 75° e AB = 5.

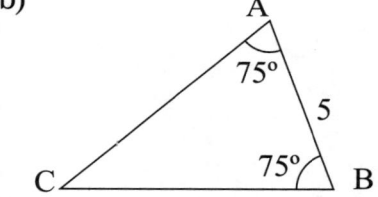

c) Triângulo ABC com ângulos C = 60°, B = 60° e CB = 5,5.

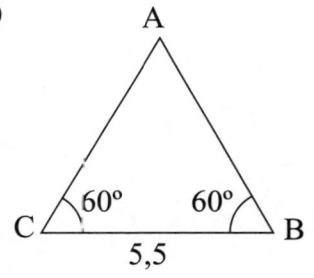

d) Triângulo ABC com ângulo A = 60°, AB = 5 e AC = 10.

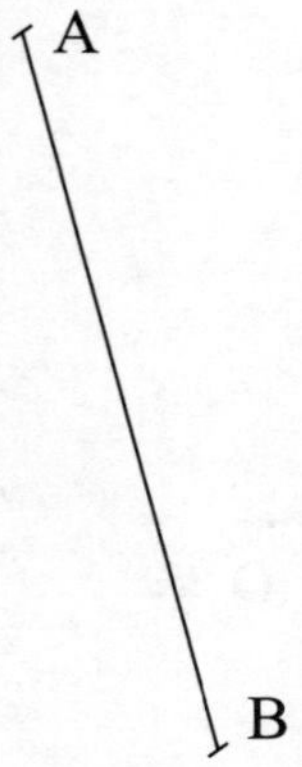

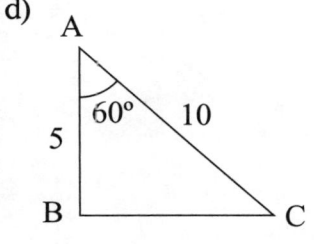

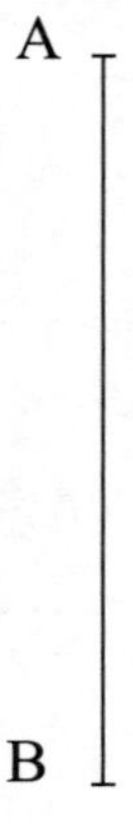

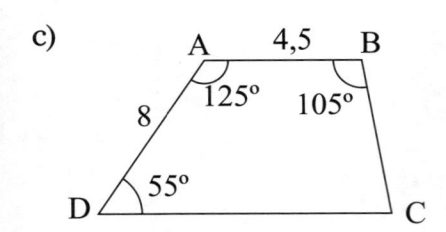

225 Dado o esboço, fazer o desenho com as medidas dadas, nos casos:

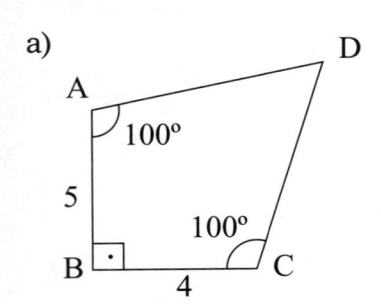

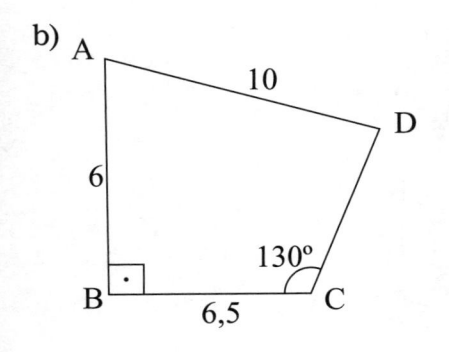

a) Quadrilátero ABCD com ângulo A = 100°, AB = 5, ângulo B = 90°, BC = 4, ângulo C = 100°.

b) Quadrilátero ABCD com AB = 6, ângulo B = 90°, BC = 6,5, ângulo C = 130°, CD = 10.

c) Quadrilátero ABCD com AB = 4,5, ângulo A = 125°, ângulo B = 105°, AD = 8, ângulo D = 55°.

226 Completar o desenho com as medidas dadas no esboço, nos casos:

a)

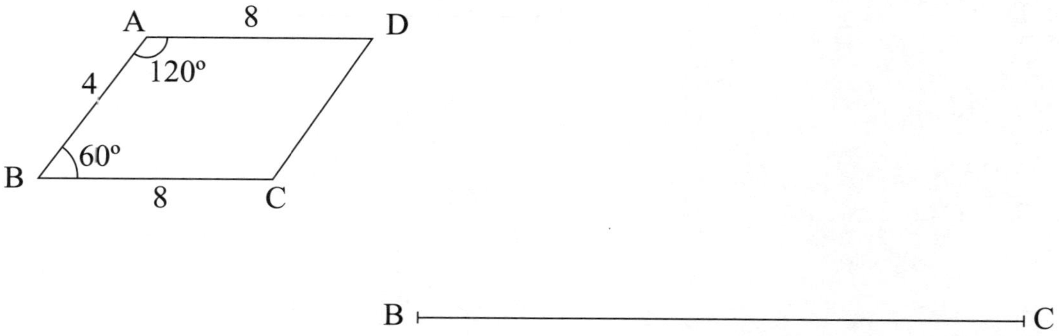

b)

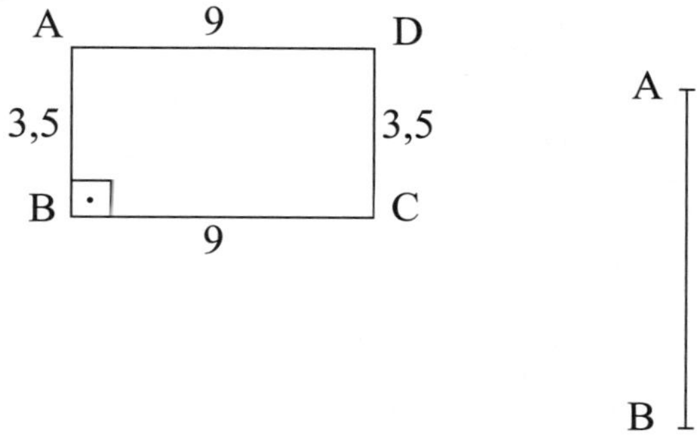

c)

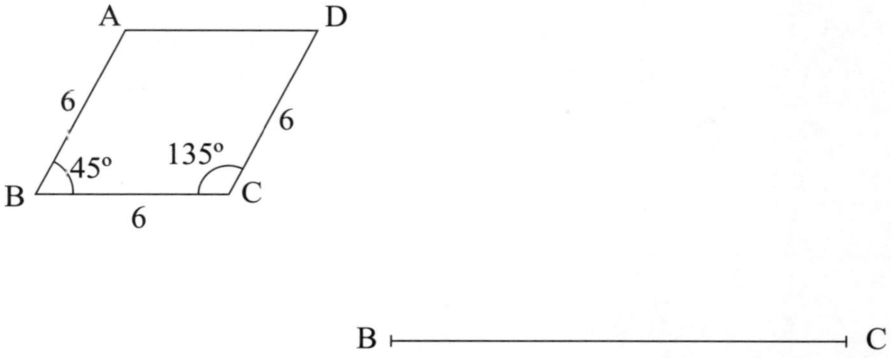

d)

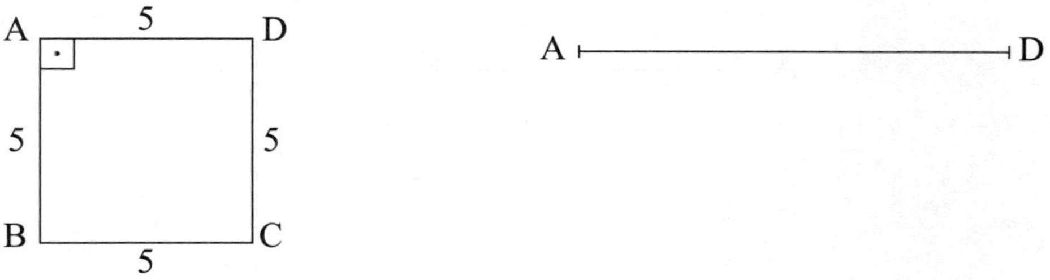

227 Dado o esboço, completar o desenho com as medidas dadas, nos casos:

a)

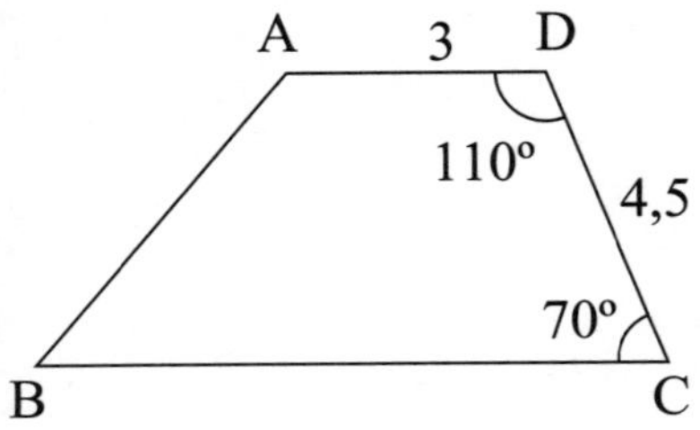

BD = 8

b)

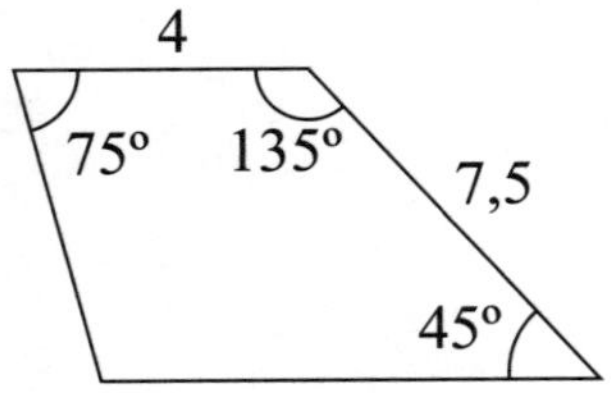

c)

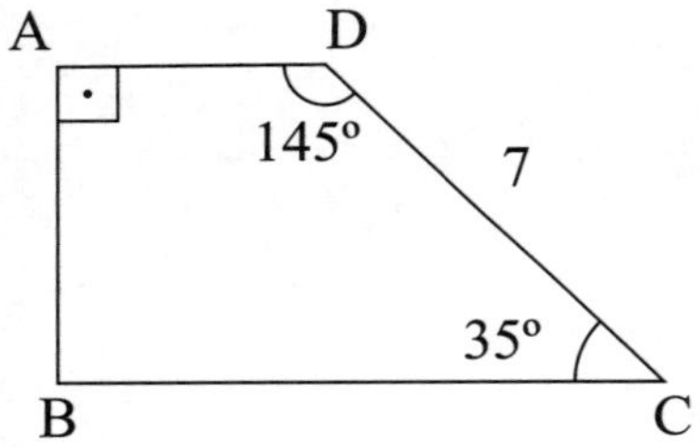

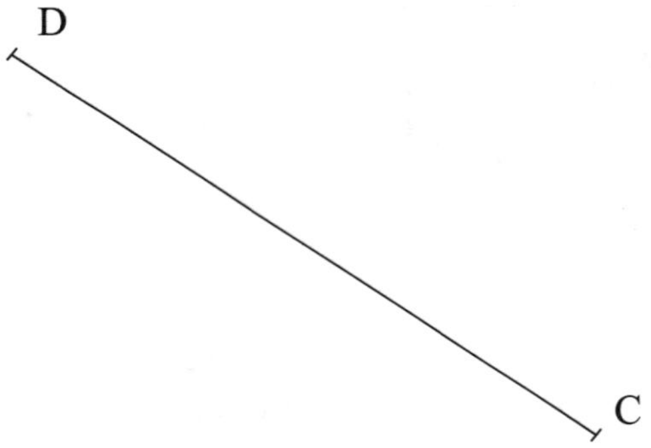

AC = 10

d)

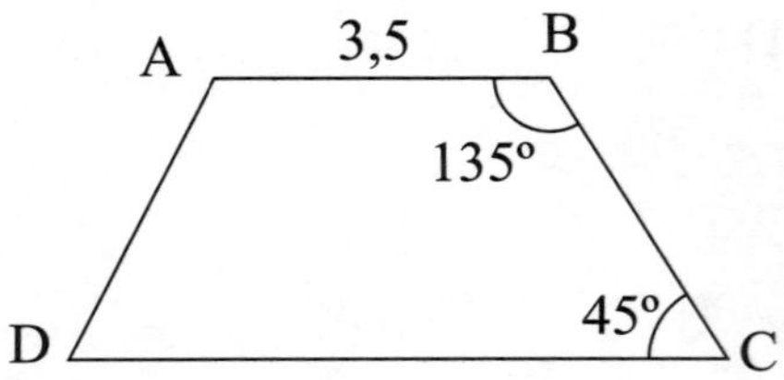

AC = BD = 9,5

VI TRIÂNGULOS

1) Definição: Dados três pontos A, B e C, não colineares (não alinhados ou não de uma mesma reta), o conjunto união dos segmentos $\overline{AB}$, $\overline{BC}$ e $\overline{AC}$ é chamado **triângulo ABC** e indicamos por $\triangle ABC$.

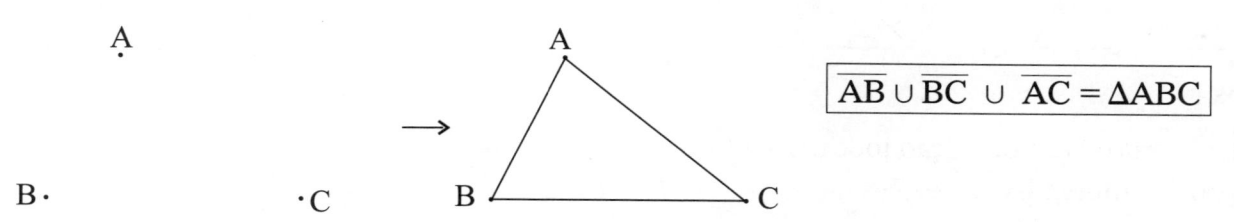

$$\overline{AB} \cup \overline{BC} \cup \overline{AC} = \triangle ABC$$

2. Elementos:

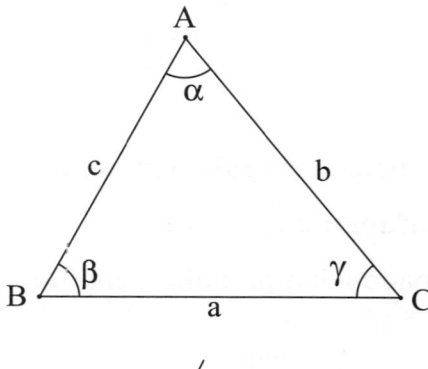

Vértices: São os pontos **A**, **B** e **C** da definição.

Lados: são os segmentos $\overline{AB}$, $\overline{AC}$ e $\overline{BC}$ que costumamos nomeá-los de a, b e c, isto é, $\overline{BC} = a$, $\overline{AC} = b$ e $\overline{AB} = c$.

Ângulos internos: Os ângulos $B\hat{A}C$, $A\hat{B}C$ e $A\hat{C}B$ determinados pelos pontos A, B e C da definição são chamados **ângulos internos** ou apenas **ângulos** do triângulo. Podemos representá-los por $\hat{A}$, $\hat{B}$ e $\hat{C}$ ou, respectivamente, por α, β e γ.

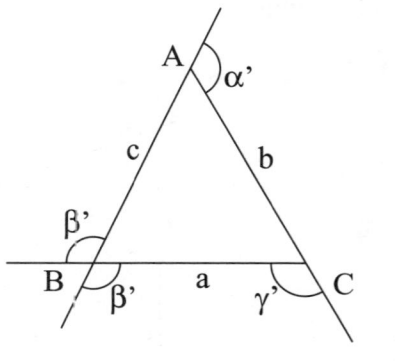

Ângulos externos: Os adjacentes suplementares dos ângulos internos do triângulo são chamados ângulos externos do triângulo. Há dois em cada vértice (olhe no vértice B). Na figura eles estão indicados como $\overline{AB}$, $\overline{BC}$ e $\overline{AC}$.

Perímetro: A soma dos lados (ou das medidas dos lados) de um triângulo é chamada perímetro do triângulo (ou medida do perímetro do triângulo). Costumamos indicar o perímetro de um triângulo por **2p**.

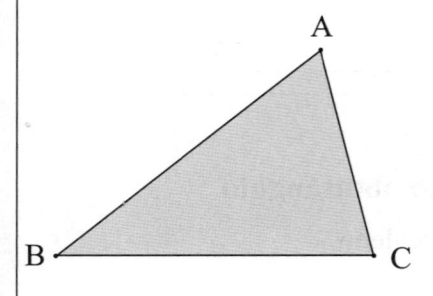

Então: $\boxed{2p = a + b + c}$

Região triangular: O conjunto dos pontos comuns aos setores angulares dos ângulos do triângulo é chamado região triangular (É a união dos lados com os pontos da região interior do triângulo).

3. Classificação quanto aos lados

Equilátero: É o triângulo cujos lados são congruentes entre si. Os lados têm medidas iguais.

Isósceles: É o triângulo que tem dois lados congruentes. Dois lados têm a mesma medida.

Escaleno: É o triângulo que não tem dois lados congruentes. As medidas dos lados são diferentes entre si.

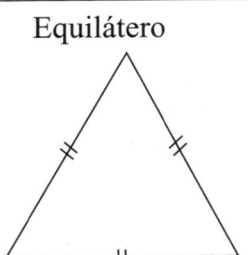

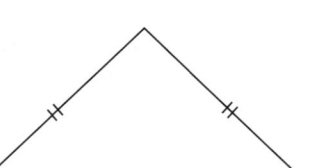

Equilátero   Isósceles   Escaleno

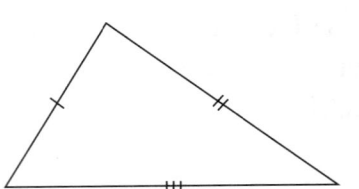

Obs.:

1) De acordo com a definição, todo triângulo equilátero é também isósceles.

2) Quando um triângulo for isósceles, o ângulo formado pelos lados congruentes é chamado ângulo do vértice e o lado oposto a ele é chamado base do triângulo.

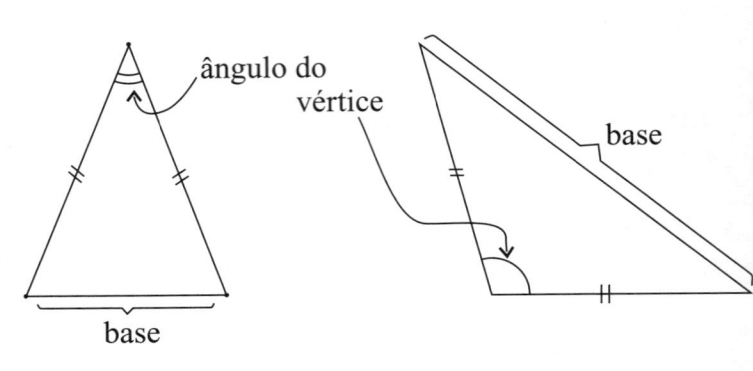

ângulo do vértice

base

base

4) Classificação quanto aos ângulos

Acutângulo: O triângulo cujos três ângulos são agudos é chamado **triângulo acutângulo**.

Retângulo: O triângulo que tem um ângulo reto é chamado **triângulo retângulo**.

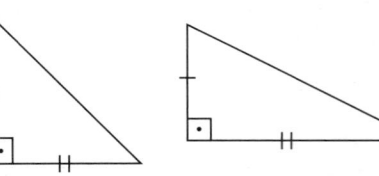

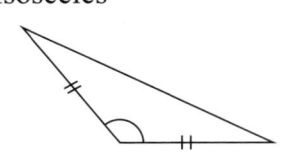

Obtusângulo: O triângulo que tem um ângulo obtuso é chamado **triângulo obtusângulo**.

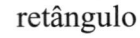

acutângulo   retângulo   obtusângulo

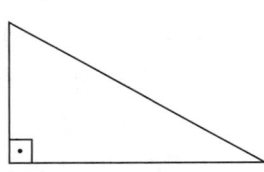

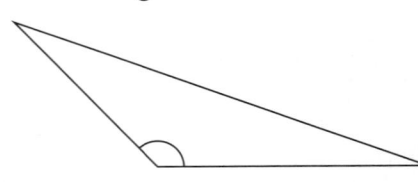

Obs.:

1) No triângulo retângulo, os lados que formam o ângulo reto são chamados catetos do triângulo e o oposto ao ângulo reto é chamado hipotenusa.

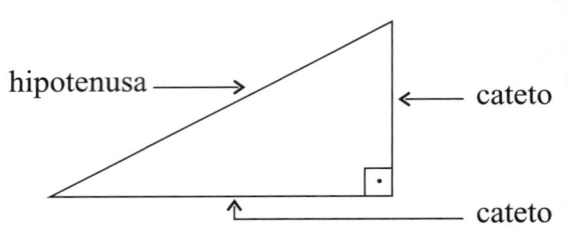

hipotenusa → ← cateto

← cateto

2) Os triângulos retângulo e obtusângulo podem ser escaleno ou isósceles mas não podem ser equiláteros.

Triângulo retângulo

Isósceles   Escaleno

Triângulo obtusângulo

Isósceles   Escaleno

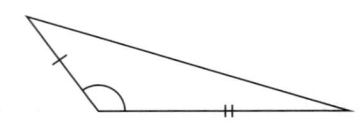

3) O triângulo obtusângulo e triângulo retângulo têm, cada um, dois ângulos agudos.

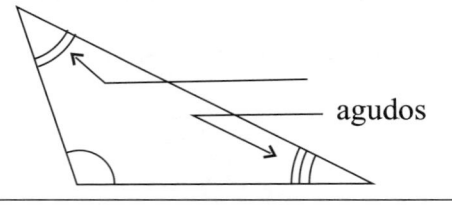

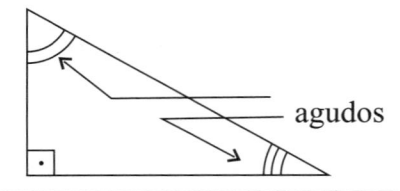

agudos   agudos

5) Altura relativa à base de um triângulo isósceles

(I) O pé da altura relativa à base de um triângulo isósceles divide essa base em partes de medidas iguais.

O pé da altura é o ponto médio da base. (A altura relativa à base de um triângulo isósceles é mediana do triângulo).

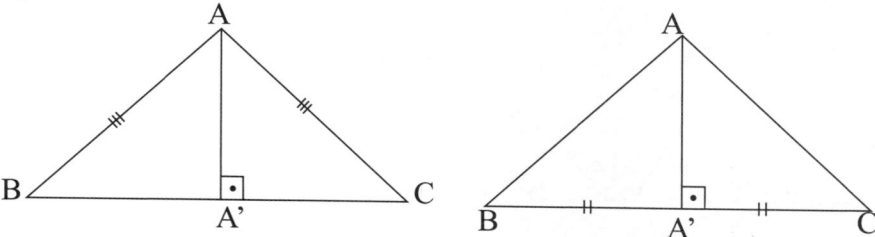

AA' é altura relativa à base BC, então A' é ponto médio de BC (No triângulo isósceles).

Vale também o recíproco, isto é: Se o pé da altura de um triângulo é ponto médio do lado, então esse triângulo é isósceles sendo esse lado a sua base.

Obs.: Mediatriz de um segmento é a reta que passa pelo ponto médio dele e é perpendicular a ele.

Então, como consequência da propriedade acima, a reta que contém a altura relativa à base de um triângulo isósceles é mediatriz dessa base.

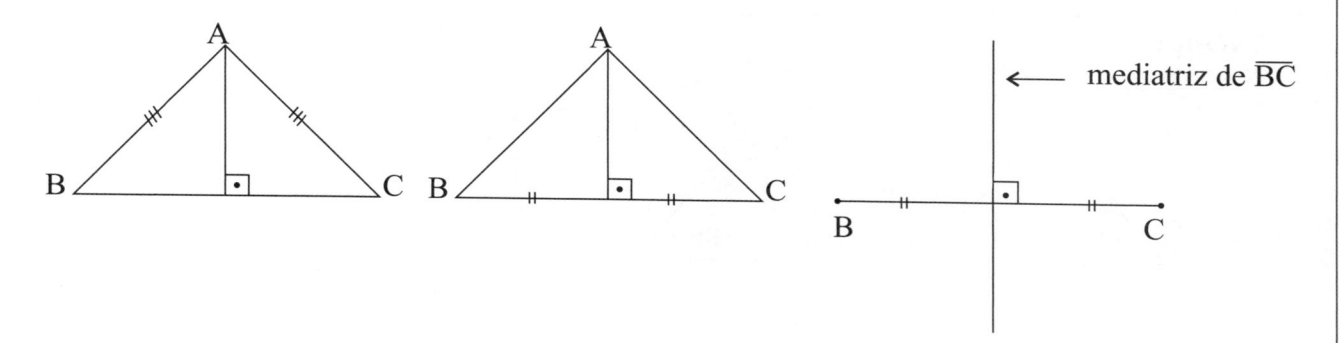

(II) A altura relativa à base um triângulo isósceles é bissetriz do ângulo oposto à base (ângulo do vértice) desse triângulo.

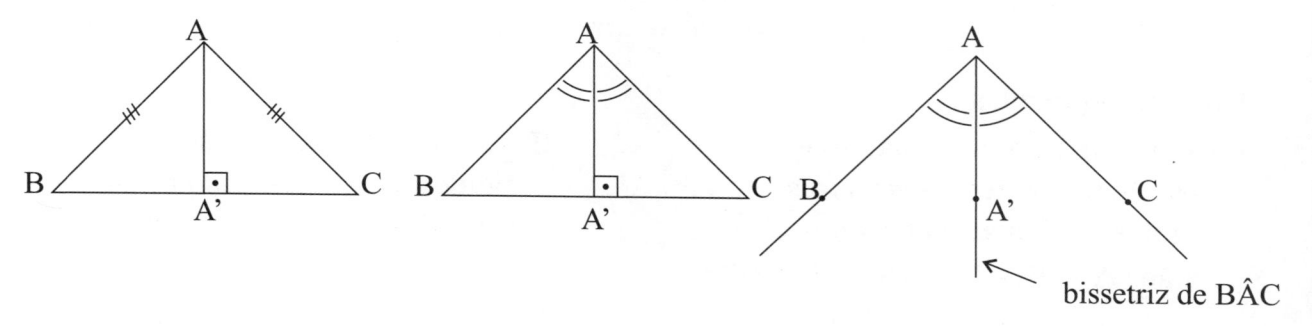

6) Algumas propriedades

6.1 Soma dos ângulos internos de um triângulo

A soma das medidas dos ângulos internos de um triângulo é igual a 180º.

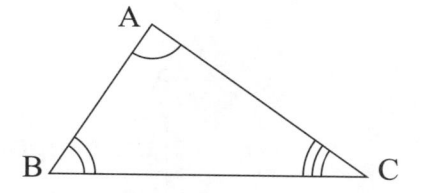

$$\hat{A} + \hat{B} + \hat{C} = 180º$$

Exemplos:

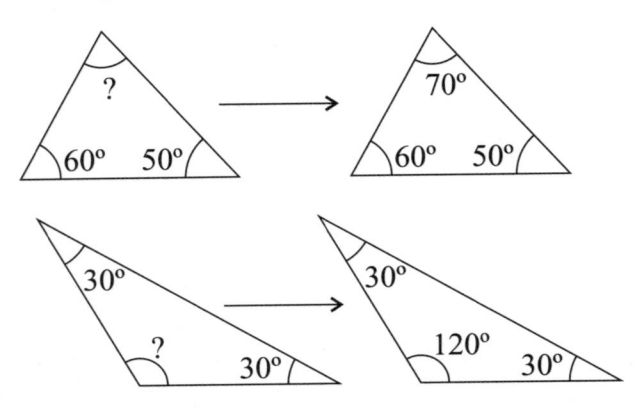

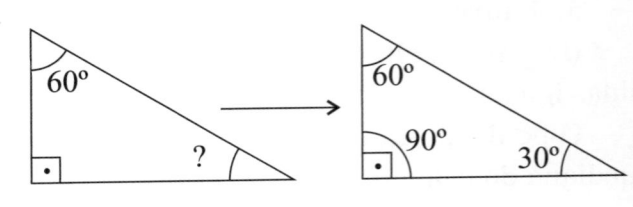

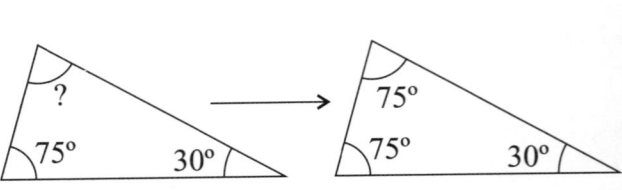

6.2. Ângulos da base de um triângulo isósceles

Os ângulos da base de um triângulo isósceles têm medidas iguais.

Ou: Os ângulos opostos a lados congruentes de um triângulos são também congruentes.

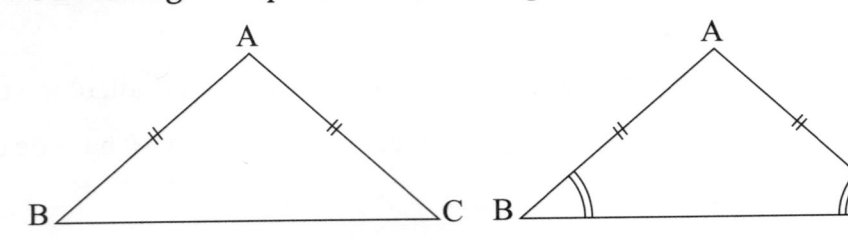

$$AB = AC \Rightarrow A\hat{B}C = A\hat{C}B$$

Exemplos:

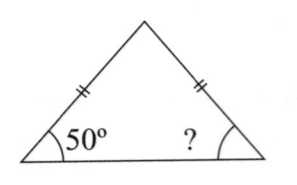

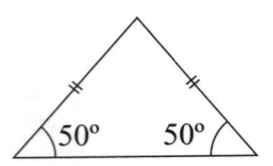

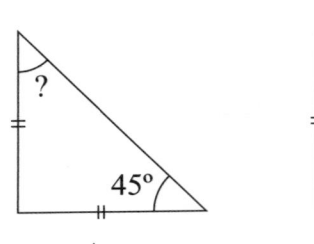

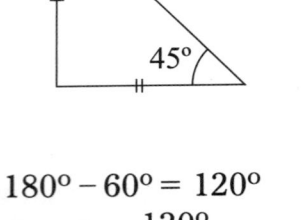

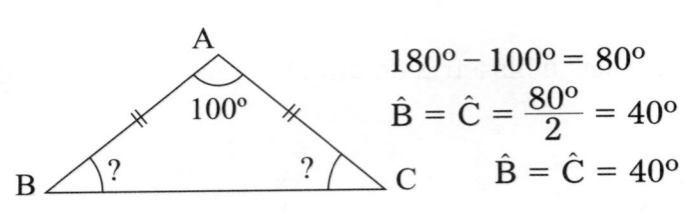

$180° - 100° = 80°$
$\hat{B} = \hat{C} = \dfrac{80°}{2} = 40°$
$\hat{B} = \hat{C} = 40°$

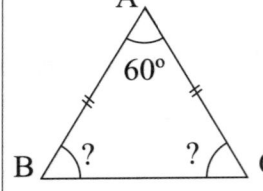

$180° - 60° = 120°$
$\hat{B} = \hat{C} = \dfrac{120°}{2} = 60°$
$\hat{B} = \hat{C} = 60°$

6.3. Consequências

I) Como o triângulo equilátero é isóscele três vezes, os seus três ângulos são congruentes entre si.

Então: $\hat{A} = \hat{B} = \hat{C} = 180° : 3 = 60°$

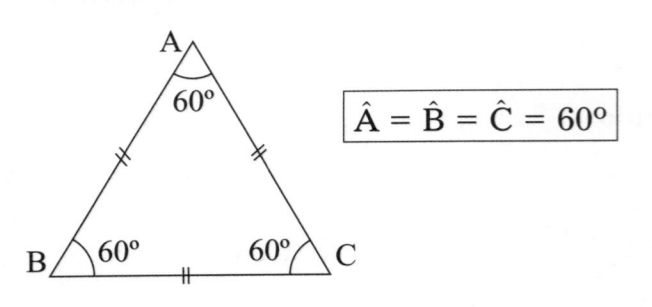

$$\hat{A} = \hat{B} = \hat{C} = 60°$$

II) A soma das medidas dos ângulos agudos de um triângulo retângulo é 90° (Eles são sempre complementares).

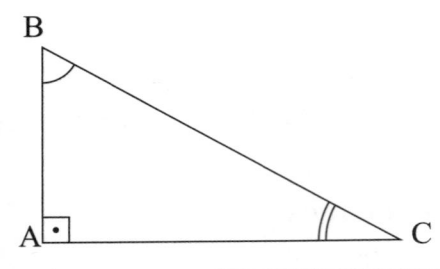

$$\overline{BC} \text{ é hipotenusa} \Rightarrow \hat{B} + \hat{C} = 90°$$

7) Algumas construções de triângulos

7.1. Dados os três lados (LLL)

Construir um triângulo ABC dadas as medidas dos lados (AB, AC e BC).

Resolução:

1º) Tomamos os pontos **B** e **C** sobre uma reta suporte tal que $\overline{BC}$ tenha a medida dada. Com isso determinamos os vértices **B** e **C** do triângulo. Fica faltando o vértice **A**.

2º) Como A dista AB e **B** e AC de **C**, traçamos esses dois lugares geométricos, determinando dessa forma o vértice **A**. Basta agora traçar os segmentos AB e AC.

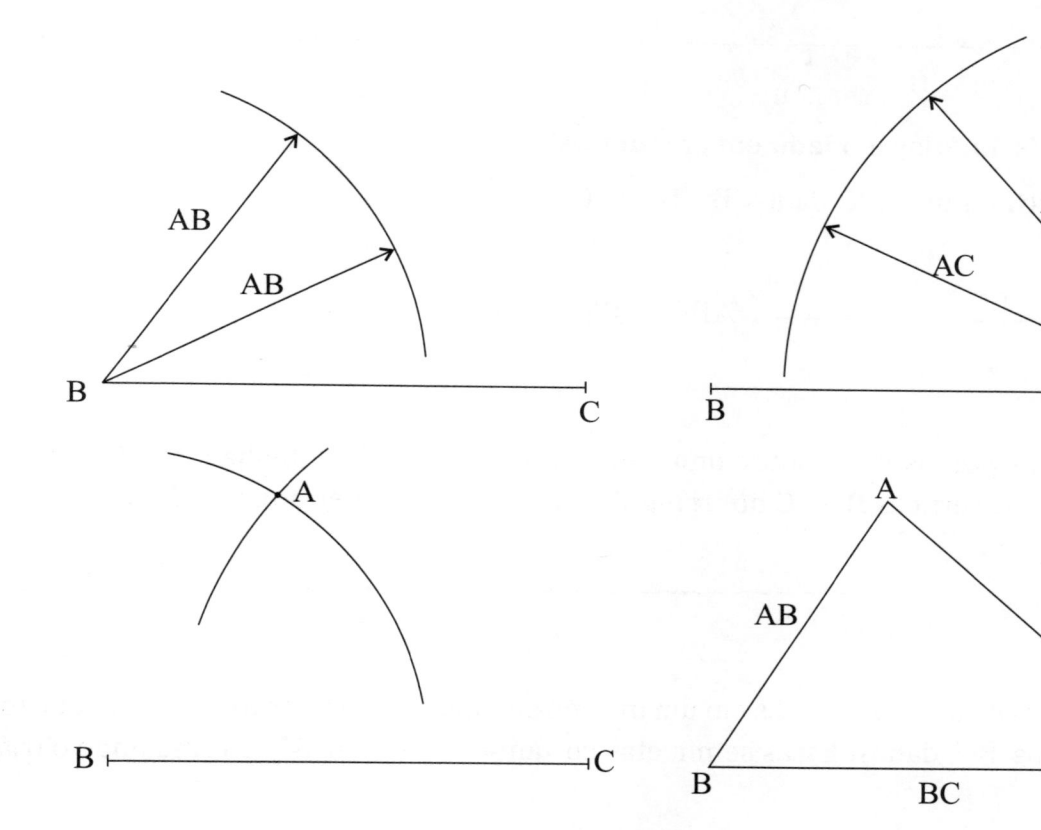

7.2) Dados dois lados e o ângulo formado por eles (LAL)

Construir um triângulo ABC dados AB, BC e $A\hat{B}C$.

$A\hat{B}C = 55°$

Obs.: Se nada for dito em contrário, neste caderno de atividades, os ângulos devem ser feitos com a ajuda do transferidor. Quando for possível (30°, 45°, 60°), se você preferir, use esquadros.

Resolução:

1º) Tomamos os pontos **B** e **C** sobre uma reta suporte tal que $\overline{BC}$ tenha a medida dada. Com isso determinamos os vértices **B** e **C** do triângulo. Fica faltanto determinar o vértice **A**.

2º) Traçamos uma semirreta Br que forma com $\overline{BC}$ o ângulo $A\hat{B}C$ dado.

3º) Sobre a semirreta Br tomamos o ponto A tal que $\overline{BA}$ tenha a medida dada.

Basta agora traçarmos o segmento AC.

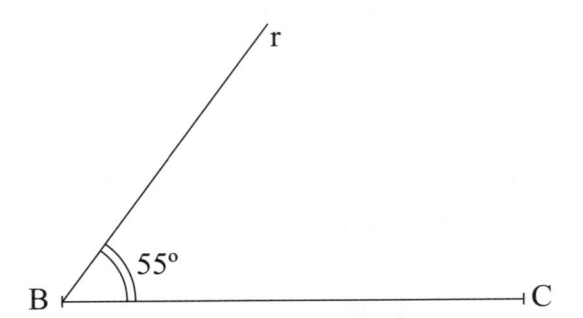

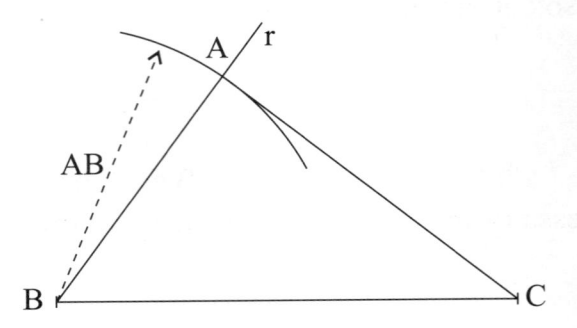

7.3. Dados dois ângulos e o lado em comum (ALA)

Construir um triângulo ABC dados $\hat{B}$, BC e $\hat{C}$.

BC , $A\hat{B}C = 65°$ e $A\hat{C}B = 45°$

Resolução:

1º) Tomamos os pontos **B** e **C** sobre uma reta suporte tal que $\overline{BC}$ tenha a medida dada. Com isso determinamos os vértices **B** e **C** do triângulo. Fica faltando determinar o vértice **A**.

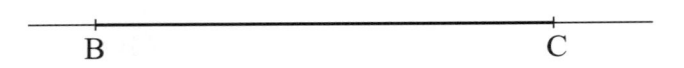

2º) Traçamos as semirretas Br e Cs em um mesmo semiplano, em relação à reta BC, que formam com $\overline{BC}$ os ângulos $\overline{BC}$ dados. Essas semirretas cortam-se no ponto **A**, determinando o triângulo ABC.

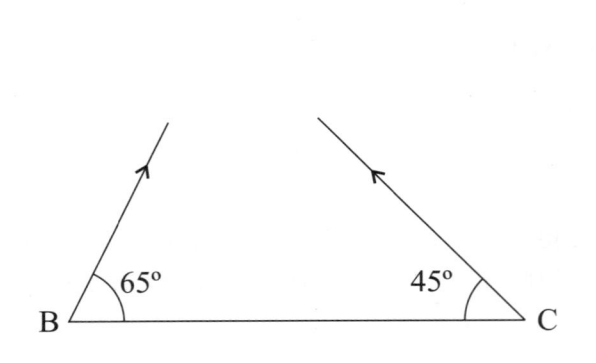

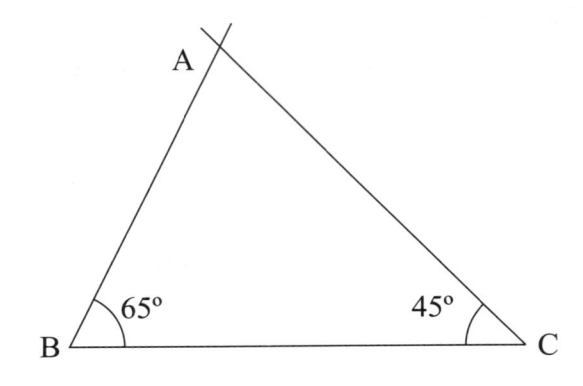

128

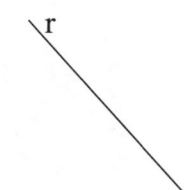

228 Dados os vértices B e C de um triângulo ABC, construir o triângulo, nos casos:

a) ├─────── AC ───────┤   b) ├─────── AB = AC ───────┤
   ├───── AB ─────┤

B •

B •   • C   C •

c) AB = AC = BC   d) ├─────── AB ───────┤
                      ├─────────── AC ───────────┤

B •

                                                    C
                                                    •
B •   • C

229 Construir um triângulo ABC isósceles de base BC, dados o vértice **A** e a reta que contém a base BC nos casos:

a) ├─────── AB ───────┤   b) ├─────── AC ───────┤
         • A
                                            \r
                                             \
                                              \   • A
                                               \
                                                \
                                                 \
─────────────────── r ──────────

230 Dado o lado BC de um triângulo ABC, construir este triângulo, nos casos:

a) AB = AC = b (triângulo isósceles).

b) AB = AC = BC (triângulo equilátero).

├──────────── b ────────────┤

B├──────────────────────────┤C   C├──────────────────────────┤B

c) AB = AC = c

d) AB = AC = 51 mm

├──────────── c ────────────┤

B├
 │
 │
 │
 │
 C┤

B╲
  ╲
   ╲
    ╲
     ╲
      ╲C

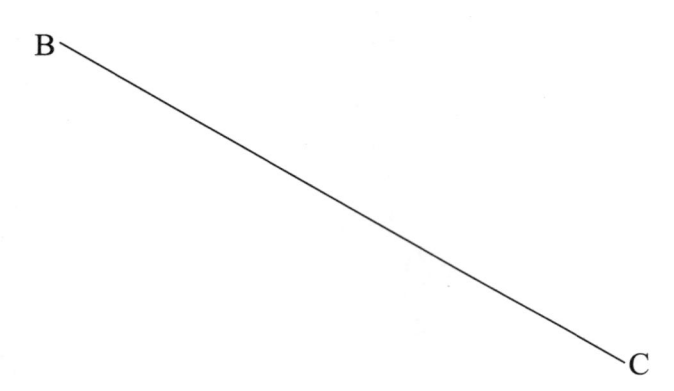

e) AC = BC (Isósceles de base AB).

f) AB = BC (Isósceles de base AC).
   AC = 85 mm

├──── AB ────┤

B├──────────────────────────┤C   C├──────────────┤B

130

231 Construir o triângulo ABC, nos casos:

Comece pelo lado BC (Pode-se começar por qualquer lado).

a) ABC é equilátero de lado a.

|—————— a ——————|

b) ABC é isósceles de base BC.
BC = 8 cm, AC = 5,7 cm

c) |—————— AB ——————|
|—————— BC ——————|
|—————— AC ——————|

d) AB = 55 mm, AC = 91 mm, BC = 51 mm.

e) AB = 3 cm, AC = 5 cm, BC = 4 cm.

f) AB = 6 cm, AC = 10 cm, BC = 8 cm.

232 Dados o ângulo reto e os catetos **b** e **c** de um triângulo retângulo, construir o triângulo, nos casos:

a)

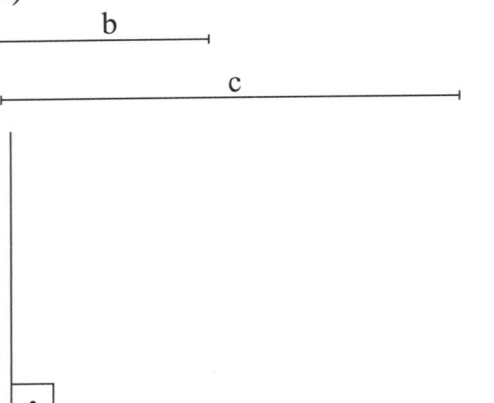

b) b = 41 mm , c = 61 mm

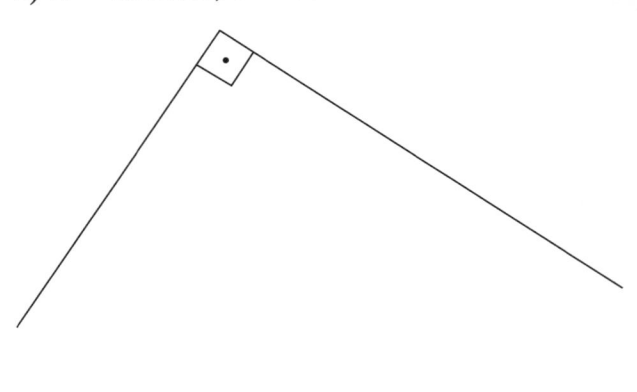

233 Dados o cateto AB, a medida BC da hipotenusa e o ângulo reto de um triângulo retângulo, construa o triângulo, nos casos:

a)

b) BC = 8 cm

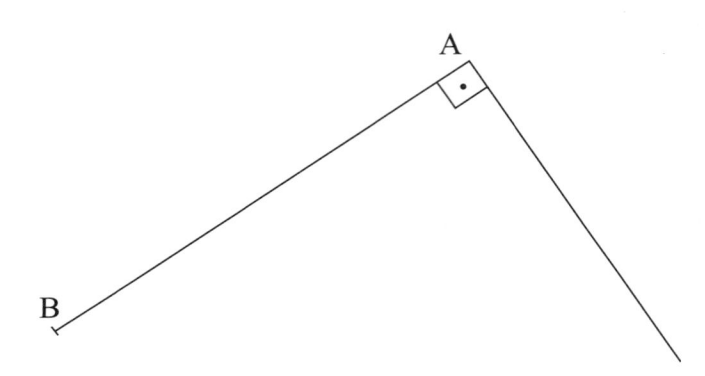

234 Dados a hipotenusa **a**, um cateto **b** e o ângulo reto de um triângulo retângulo, construir o triângulo, nos casos:

a) a = 8 cm, b = 4,5 cm

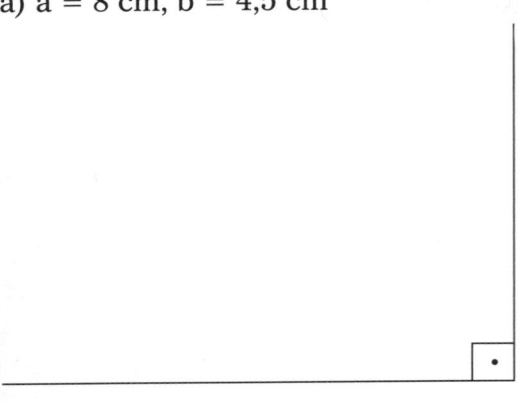

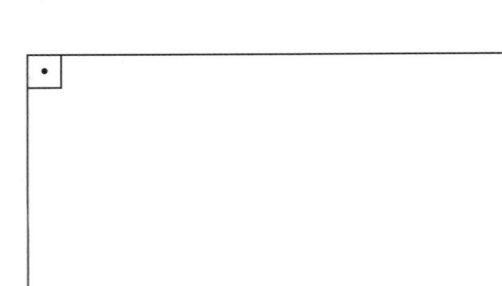

b) a = 91 mm, b = 76 mm

235 Em cada triângulo estão indicadas as medidas de dois ângulos. Indicar a medida do terceiro ângulo.

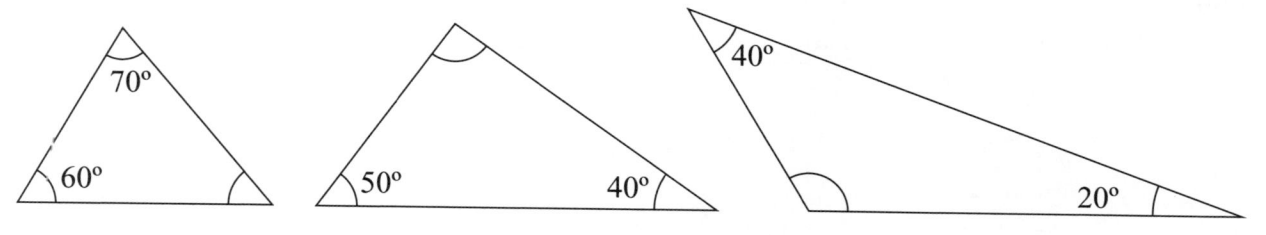

(triângulos com ângulos 70°, 60°; 50°, 40°; 40°, 20°)

236 Em cada triângulo retângulo dado está indicada a medida de um ângulo agudo. Indicar na figura a medida do outro ângulo agudo.

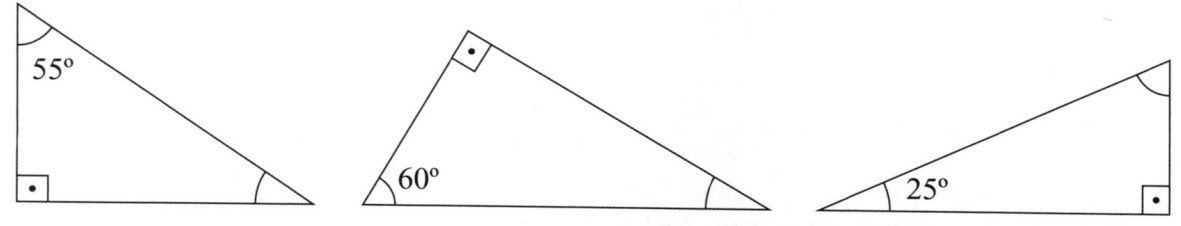

(triângulos retângulos com ângulos 55°; 60°; 25°)

237 Em cada caso é dado um triângulo isósceles ABC de base BC. Dado um dos ângulos da base. Indicar na figura as medidas dos outros ângulos.

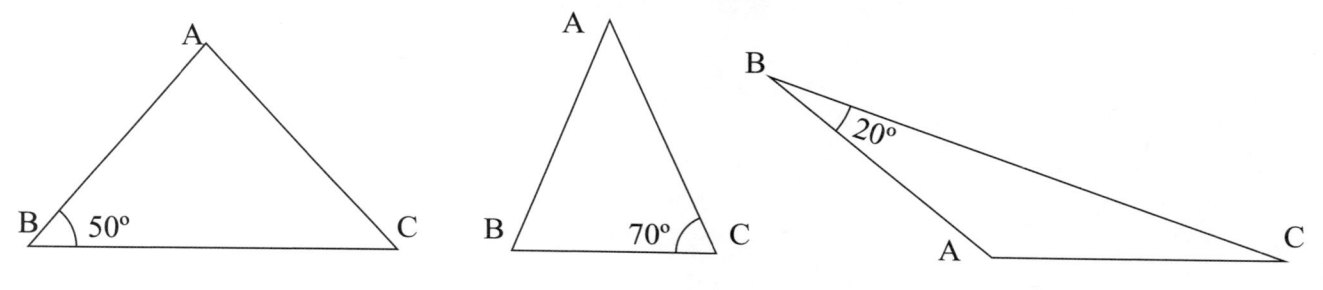

(triângulos com ângulo na base 50°; 70°; 20° em B)

238 Em cada caso é dado um triângulo isósceles ABC de base BC. Dado o ângulo oposto à base, indicar na figura as medidas dos ângulos da base.

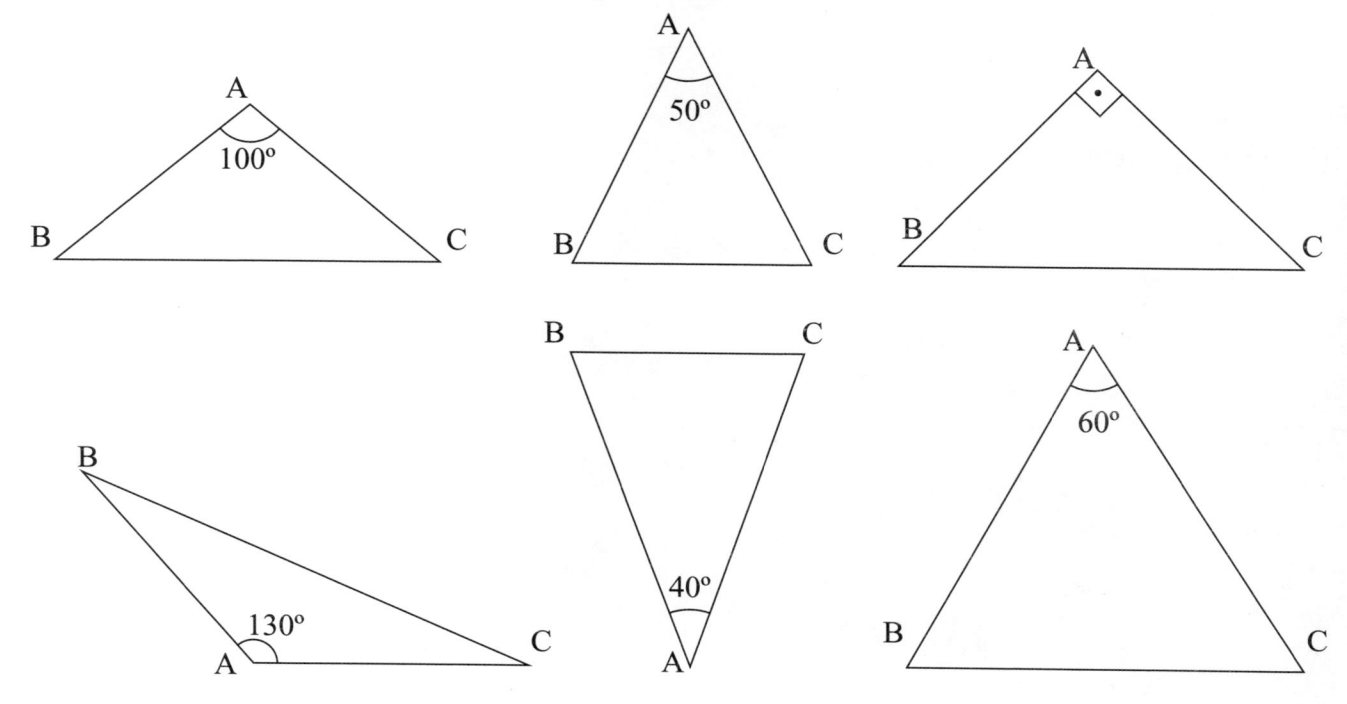

(triângulos com ângulo em A: 100°; 50°; 90°; 130°; 40°; 60°)

239 Completar o desenho de um triângulo retângulo ABC de hipotenusa BC, nos casos.

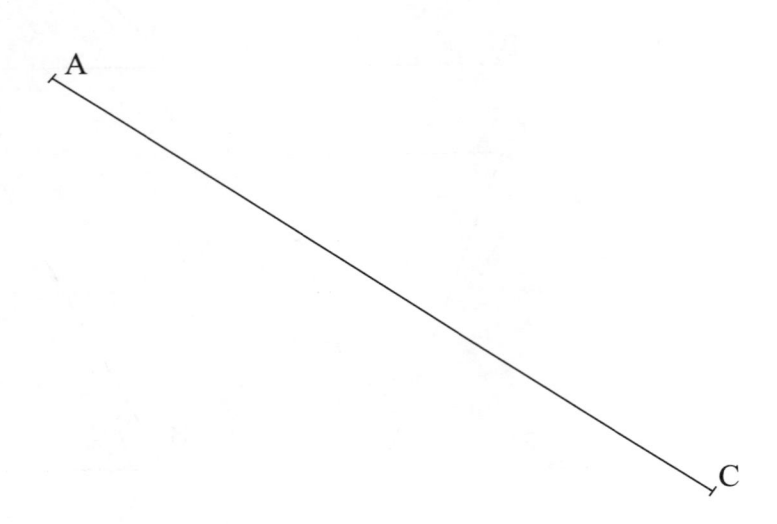

a) $\hat{B} = 50°$

b) $\hat{B} = 45°$

240 Completar o desenho do triângulo ABC nos casos:

Obs.: Fazer apenas o desenho que cabe no espaço de cada item.

a) $\hat{B} = 55°, \hat{C} = 40°$

b) $\hat{A} = 95°, \hat{C} = 35°$

134

241 Completar o desenho do triângulo ABC, nos casos:

a) $\hat{C} = 45°$, AC = 6 cm

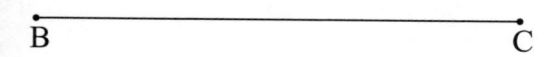

b) $\hat{B} = 40°$, AC = 5,5 cm

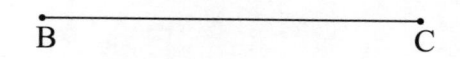

B———————————C   B———————————C

c) $\hat{B} = 20°$, AC = 4,5 cm

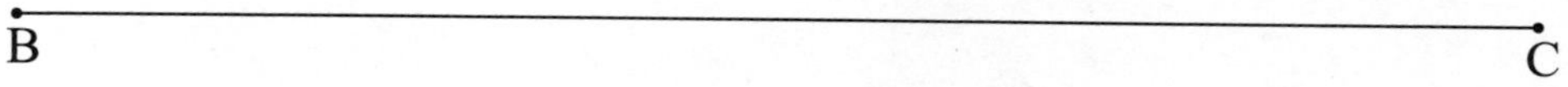

B———————————————————————C

d) $\hat{B} = \hat{C} = 72°$

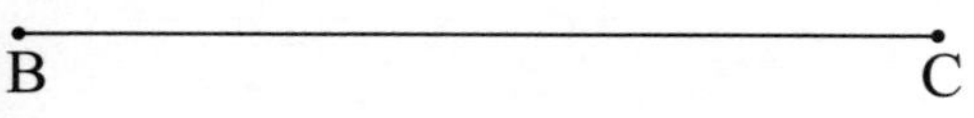

e) $\hat{B} = 103°$, AC = 11,5 cm

B———————————C   A
                    \
                     \
                      \
                       B

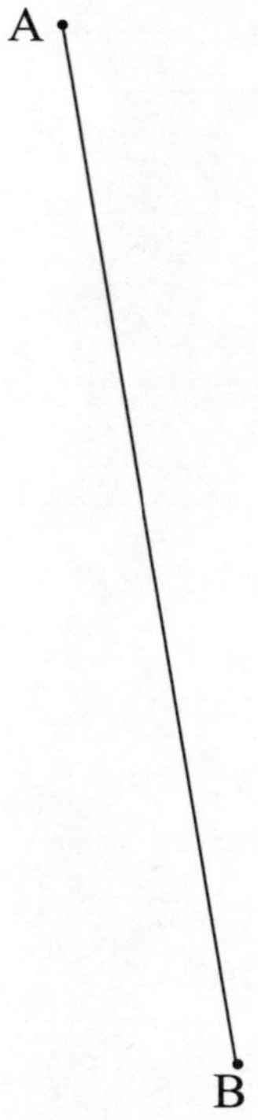

242 Em cada caso é dado à esquerda um esboço onde estão indicadas as medidas de ângulos e lados. No esboço os segmentos e os ângulos não têm as medidas que estão indicadas. Construir um triângulo de modo que os segmentos e ângulos tenham, de fato, as medidas indicadas nos esboço.

a)

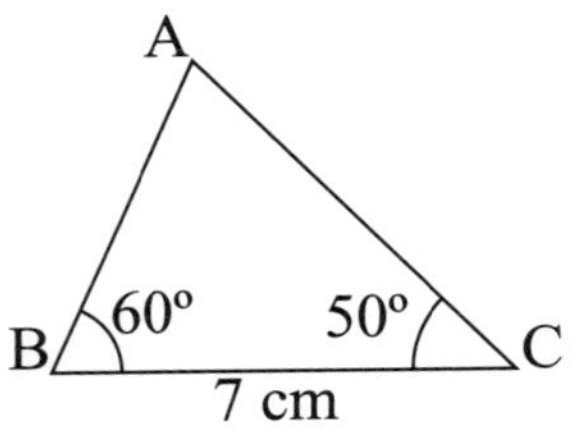

b)

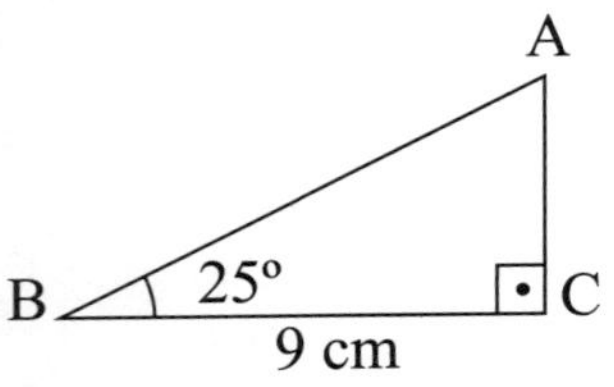

c)

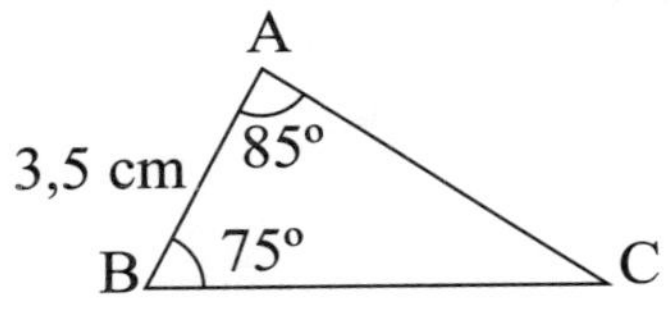

d)

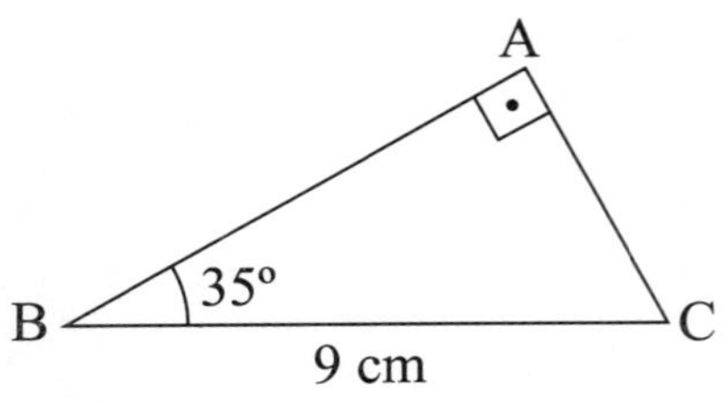

243 Completar o desenho do triângulo ABC, nos casos:

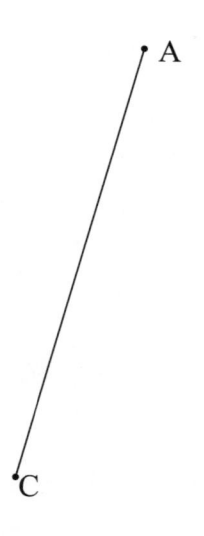

a) $\hat{A} = 35°$, $\hat{B} = 45°$

b) $\hat{B} = 90°$, $\hat{A} = 45°$

c) $\hat{A} = 35°$, $\hat{C} = 20°$

244 Completar o desenho de um triângulo isósceles ABC de base BC, nos casos:

a) $\hat{A} = 90°$

b) $\hat{A} = 30°$

245 Completar o desenho de um triângulo isósceles, ABC de base BC, nos casos:

a) $\hat{A} + \hat{B} = 110°$

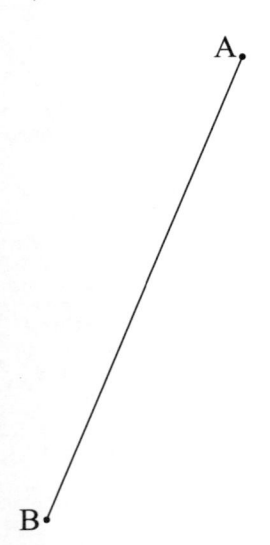

b) $\hat{B} + \hat{C} = 70°$

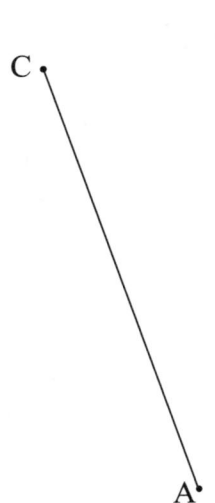

246 Construir um triângulo isósceles qualquer ABC de base BC, dada a base, nos casos:

a)

b)

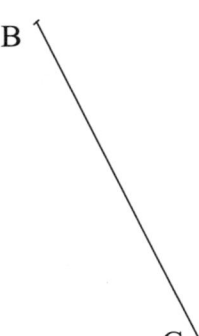

247 Construir um triângulo isósceles qualquer ABC de base BC e um triângulo isósceles PBC, também isósceles de base BC, com AP = AB e P A. Traçar em seguida a reta AP.

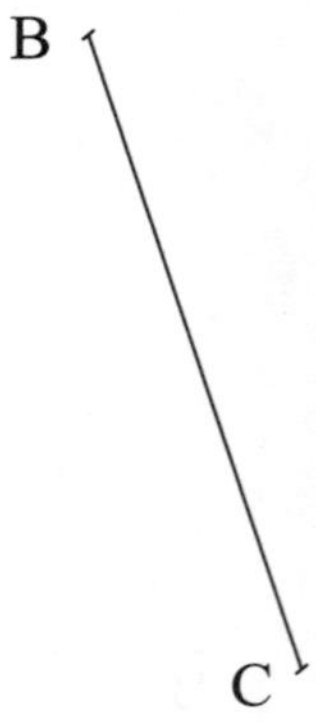

138